# Thérapie Spirituelle
# L'essence d'une vie meilleure

**Par**

**Reine ANOH**

**Thérapie Spirituelle : L'essence d'une vie meilleure
- le guide ultime**

# Remerciements

Ce livre n'aurait peut-être pas vu le jour sans le soutien de plusieurs personnes.

Je témoigne toute ma reconnaissante :

- **À ma famille**

- **À mon Coach Delphine Bouaza**

- **À mon guide Nynanssi Emmanuel**

# Table des matières

# Pourquoi devez-vous avoir ce guide ?

Chers Lecteurs,

Beaucoup d'entre nous se sont penchés sur la spiritualité, chacun à sa manière. Bien que cette quête reste personnelle, car chacun d'entre nous a sa propre définition de la spiritualité, il s'agit en réalité d'une entreprise commune. En fait, dans l'esprit des gens, la spiritualité est synonyme de recherche d'un but, d'un objectif et d'une direction dans la vie.

Les gens sont attirés par la spiritualité et s'embarquent dans des voyages spirituels pour une variété de raisons. Il y a souvent un certain nombre de causes primaires derrière :

1. **La dimension spirituelle est ce qui m'intéresse** : Cela inclut la recherche de réponses aux questions les plus profondes de la vie, telles que "Quel est le but de la vie ?", "D'où est-ce que je viens ?" et "Où irons-nous après la mort ?".

2. **Un problème dans la vie** : Les problèmes irrésolus dans la vie servent souvent de catalyseur pour que les gens cherchent des solutions en dehors du domaine de la science moderne. Cela inclut les méthodes d'un astrologue, d'un médium ou d'un saint homme.

3. **Intéressé par la guérison spirituelle** : La capacité de guérir en canalisant des énergies subtiles est une pratique qui remonte à des milliers d'années.

4. **S'attacher à développer sa personnalité** : Devenir une meilleure personne peut conduire à la spiritualité et à un mode de vie plus spirituel.

5.  **Grandir spirituellement** : Certains d'entre nous ont un désir inné de développer leur personnalité spirituelle et n'ont pas besoin d'un catalyseur pour se diriger dans cette direction.

De nombreuses publications sont disponibles en ligne pour quiconque recherche la spiritualité dans son sens le plus large. Cependant, cela présente un autre problème, car cela soulève la question de ce qui devrait être choisi comme définition précise.

Je vous propose dans cet ouvrage, ma définition de la spiritualité ainsi que quelques informations pratiques.

Dans cet ouvrage, je mettrai la lettre "S" de Spiritualité en majuscule car, la Spiritualité est l'étude de la manière d'entrer en relation avec Dieu. En d'autres termes, c'est la science se rapportant à Dieu.

# Chapitre 1 : La Spiritualité : Essence

# Définition

Le terme "Spiritualité" en sanskrit, une langue indo-européenne de la famille indo-aryenne qui était autrefois parlée sur le sous-continent indien, est connu sous le nom de "adhyatma". Il est dérivé des mots Adhi et tman (tmanah). Adhi signifie appartenir au sujet, et tm signifie je. L'Âme est le principe divin qui réside en chacun de nous et représente notre véritable caractère. C'est encore la partie principale de notre corps subtil et seulement une petite portion du principe suprême de Dieu. Ses traits distinctifs sont la vérité absolue (Sat), la conscience absolue (Chit) et la bienveillance (nand). L'Âme n'est pas affectée par les hauts et les bas (ainsi que par le bonheur et la misère) que l'on connaît dans la vie car elle est perpétuellement heureuse.

Nous aspirons tous à être dans cet état, car c'est notre état naturel et c'est aussi la nature de notre être. C'est aussi la raison pour laquelle nous recherchons tous le bonheur dans la vie et courons après diverses activités qui, selon nous, nous rendront heureux. Cependant, comme nous le savons tous, le "bonheur" est illusoire et fugace en raison de la tension et du stress de la vie moderne.

De cette façon, la Spiritualité traite de l'acceptation de notre vraie nature et du retour à notre identité avec elle en la vivant comme telle. L'étude de la Spiritualité a élargi notre compréhension de la manière d'être heureux.

L'étude de la spiritualité couvre un large éventail de sujets, notamment les réponses à des questions profondes telles que "qui suis-je ?", "où vais-je ?", "quel est le but de la vie ?", "où serai-je après la mort ?", etc.

En sanskrit, la Spiritualité ou science spirituelle est appelée Paravidya (la connaissance suprême), tandis que les autres disciplines sont appelées Aparvidy (la science inférieure).

Lorsque nous disons "science", nous entendons la science moderne. La majorité des gens et des rationalistes pensent que la science et la spiritualité sont deux disciplines distinctes. Mais la spiritualité est la connaissance de l'infini, c'est-à-dire la connaissance de tous les sujets. Elle englobe l'ensemble du monde physique ainsi que le monde invisible subtil, toutes les régions physiques et spirituelles, toutes les fréquences physiques et subtiles, toutes les énergies et vibrations, toutes les entités positives et négatives, et toutes les choses vivantes et non vivantes à travers l'univers entier.

La Spiritualité contient toutes les connaissances et les souvenirs du passé, du présent et du futur, du début à la fin de l'univers.

# Spiritualité et religion

Pour beaucoup de gens, la religion est leur première introduction aux questions et concepts spirituels qui vont au-delà du domaine physique. Cependant, les pratiques religieuses ont souvent un caractère sectaire. Une "secte" est un groupe de personnes qui croient généralement que leur chemin vers Dieu est le meilleur et le seul.

Mais un principe fondamental de la spiritualité est qu'il y a autant de chemins vers Dieu qu'il y a de personnes. De la même manière qu'un médecin ne prescrirait pas le même médicament pour toutes les maladies différentes que l'on peut avoir. Le même type de pratique spirituelle ne profite pas nécessairement à tout le monde de la même manière. Une personne fait des progrès spirituels plus rapides lorsque la pratique spirituelle est adaptée à ses besoins individuels et temporels.

Dieu est expansif, et pour en faire l'expérience, nous devons également élargir nos perceptions spirituelles. Une vision étroite ou ethnocentrique de la religion ou de la spiritualité entravera fréquemment notre développement spirituel et conduira à la stagnation.

L'idée fausse la plus courante sur la religion est que le christianisme n'est qu'un type de religion parmi d'autres comme l'islam, le judaïsme, l'hindouisme, etc. Malheureusement, de nombreuses personnes qui s'identifient comme chrétiennes pratiquent en réalité le christianisme comme une religion.

Pour beaucoup de gens, le christianisme n'est rien d'autre qu'un ensemble de lois et de rituels à suivre afin de s'assurer le passage au paradis après la mort.

Ce n'est pas le christianisme authentique. Le véritable christianisme n'est pas une religion, mais plutôt une relation avec Dieu établie par le Christ, le Messie, que l'on reçoit par la grâce au moyen de la foi.

Il existe des rituels et des lois associés au christianisme, tels que les sacrements du baptême et de la cène, mais ces choses ne sont pas l'essence même du christianisme. En signe de notre foi et en réponse au salut du Christ, nous nous faisons baptiser. Nous mangeons le repas du Seigneur en souvenir du sacrifice du Christ. Nous suivons une liste de choses à faire et à ne pas faire par amour pour Dieu et en reconnaissance de tout ce qu'il a fait pour nous.

L'idée fausse la plus courante sur la Spiritualité est que, parce qu'il en existe de nombreuses manifestations différentes, elles sont toutes valables.

Il peut sembler "spirituel" de méditer dans des positions corporelles habituelles, de communiquer avec la nature, de chercher à communiquer avec le monde des esprits, etc. mais ce sont en fait des manifestations erronées de la spiritualité.

La véritable Spiritualité consiste à recevoir le Saint-Esprit de Dieu lorsqu'on accepte l'invitation à suivre le Christ. Les vrais signes de la spiritualité sont les résultats de l'Esprit Saint dans la vie d'une personne : amour, joie, paix, patience, bonté, bien-être, foi, douceur, maîtrise de soi. Le désir de devenir plus semblable à Dieu, qui est Esprit, et de voir notre caractère se conformer à sa ressemblance, qui est au centre de la spiritualité.

L'avantage de la spiritualité est qu'elle démontre que la vie ne se limite pas au monde physique. Les hommes ne sont pas seulement des êtres purement physiques, ils ont aussi une âme et un esprit. Nous devons être conscients du monde spirituel dans lequel nous vivons, car il est tout autour de nous.

La véritable spiritualité nous enseigne qu'il existe quelque chose ou quelqu'un au-delà de ce monde physique avec lequel nous devons être en relation.

# Spiritualité et vitalité

Qui que nous soyons ou d'où que nous venions, la force motrice de tous nos efforts dans le monde est notre désir de connaître la joie de vivre. Quels que soient notre origine culturelle, notre religion, notre sexe, notre situation financière ou notre statut dans la société, nous partageons tous ce besoin. Mais selon la recherche spirituelle, nous avons découvert qu'en moyenne, les gens ne connaissent le bonheur que pendant 30 % du temps.

Nous connaissons le malheur pour un certain nombre de raisons, dont les problèmes de la vie. Tout le monde est conscient des racines physiques et psychologiques des problèmes de la vie. Néanmoins, beaucoup d'entre nous ignorent que les problèmes de nature physique ou psychologique peuvent également avoir une composante spirituelle.

Cela signifie que même si un problème est principalement causé par des facteurs spirituels, il peut néanmoins se manifester sous la forme d'un problème physique ou psychologique.

Les trois principaux problèmes spirituels sont :

- **Le karma (destin)**

- **Les questions liées aux origines de nos ancêtres**

- **Le stress provoqué par des énergies négatives**

Nous avons découvert, grâce à la recherche spirituelle, que plus de 50 % des problèmes que les gens rencontrent dans la vie sont dus à des facteurs spirituels. Tous les événements importants de la vie, y compris le mariage, les bonnes et mauvaises relations, les accidents graves et les maladies graves, sont en grande partie dus à sa destinée.

Il est préférable d'offrir une assistance spirituelle ou d'utiliser un remède spirituel pour aider un patient dont le problème a une base spirituelle primaire. Les mesures de nature spirituelle, comme la pratique de la spiritualité, soulagent également les problèmes psychologiques et physiques. Cela est particulièrement vrai lorsque la cause profonde du problème est de nature spirituelle.

À un moment donné de notre vie, certains d'entre nous commencent à se demander : "Est-ce vraiment cela ?"

La vie se résume-t-elle à cela ? Par exemple, faire de bonnes études, gagner de l'argent, obtenir un prêt, acheter une voiture, obtenir un prêt plus important, acheter une maison, réussir et être reconnu dans certains domaines, élever une famille, puis mourir ? Certains d'entre nous peuvent commencer à se demander si la vie n'a pas un but plus élevé.

Pour ceux d'entre nous qui sont passés par cette étape de réflexion, c'est comme si quelque chose avait été profondément changé en nous. Pour certains d'entre nous, ces sentiments vont nous motiver à entreprendre notre propre voyage spirituel.

Selon l'étude de la Spiritualité, il n'y a que deux causes réelles à la naissance :

- Le but premier de la vie est d'accomplir le destin ou le karma que l'on a reçu à la naissance.

- Le second objectif de la vie, le plus important, est le développement spirituel.

L'utilisation des principes spirituels universels dans sa pratique peut aider à atteindre ces deux objectifs. Cela nous aide à grandir spirituellement et à brûler un destin défavorable qui nous apporte la souffrance.

Beaucoup d'entre nous ont lu des livres sur la Spiritualité et les concepts spirituels. Cependant, la simple théorie (même si elle est vraie) ne peut jamais être testée car, à part donner une direction à une personne, elle ne peut être mise en pratique.

Pour quelqu'un, cela se résume toujours à des idées spirituelles et intellectuelles de base. La seule façon d'avoir des expériences spirituelles ou de vivre une expérience de Spiritualité est de mettre ces connaissances en pratique.

Une personne peut vraiment comprendre la valeur de la Spiritualité à l'aide de la pratique spirituelle. C'est pourquoi on dit que la pratique constitue 98 % du parcours spirituel d'une personne, alors que la connaissance théorique de la Spiritualité n'en représente que 2 %.

Une personne ne comprendra ou ne ressentira jamais la signification de la Spiritualité si elle ne fait que lire sur le sujet et ne s'y engage jamais. Par conséquent, elle pourrait finir par ne plus s'y intéresser. En fait, elle pourrait finir par remettre en question sa valeur dans la vie.

# Spiritualité : Importance d'un guide spirituel

Une personne qui a un niveau de spiritualité d'au moins 70 % est un gourou. Selon la science spirituelle, une personne qui fait autorité dans le domaine de la Spiritualité est connue comme un gourou.

On ne saurait trop insister sur l'importance d'avoir un gourou comme guide spirituel dans son voyage spirituel. La présence d'un gourou est un facteur important dans toute quête spirituelle.

Cela est dû au fait que la Spiritualité est le voyage qui permet de transcender les cinq sens, le mental et l'intellect, et d'expérimenter la nature de l'âme. Étant donné qu'un gourou a personnellement parcouru ce chemin, il fait autorité en la matière et est qualifié pour nous guider sur la voie de la réalisation de Dieu.

Malheureusement, dans le monde moderne, 80 % des gourous sont faux ou manquent d'autorité spirituelle. Ils utilisent le costume de la Spiritualité pour accroître leur statut et gagner de l'argent. Ils ont fait du tort à la société en rabaissant ceux qui s'intéressent à la spiritualité.

La plupart des gens de l'ère moderne ont un niveau de maturité spirituelle de 20% et n'ont pas les compétences nécessaires pour reconnaître un saint d'un pécheur. Pourtant, ils finissent généralement par suivre quelqu'un qui peut les guérir ou faire des miracles.

Si le désir d'une personne est sincère, le principe d'un Dieu non-manifeste interviendra et la dirigera vers un véritable gourou.

Les obstacles suivants peuvent être rencontrés par un chercheur spirituel sur sa voie spirituelle :

- **Des conseils erronés concernant la pratique spirituelle** : Même si une personne a un fort désir de progresser spirituellement, si les conseils qu'elle suit sont erronés, des mois, voire des années, peuvent être perdus.

- **Non conforme aux lois universelles** : Toute pratique spirituelle doit être fondée sur des lois et des principes universels, sinon, elle pourrait entraîner la stagnation.

- **Aucune autorité pour répondre à ses questions** : Un aspirant peut finir par prendre le mauvais chemin et en venir à perdre la foi en la spiritualité si ses questions sur la Spiritualité ne reçoivent pas de réponse.

- **Des énergies négatives** : Le subtil du niveau spirituel trompe fréquemment l'aspirant.

- Parfois, le chemin de vie d'un aspirant peut l'amener à remettre en question sa pratique spirituelle.

- Il est parfois possible de perdre l'élan dans sa pratique spirituelle sans s'en rendre compte. C'est pourquoi il est crucial d'avoir un guide spirituel lors d'un voyage spirituel.

- Le voyage spirituel vers la réalisation de Dieu peut prendre des années, voire toute une vie. Parfois, en cours de route, les aspirants spirituels peuvent éprouver un manque d'engagement, de diligence ou de persévérance dans leur pratique spirituelle, ce qui entrave leur croissance spirituelle. C'est pourquoi le fait d'avoir un lien avec d'autres aspirants ou une organisation spirituelle aide à fournir aux aspirants la vigueur et le soutien dont ils ont besoin pour poursuivre leur voyage spirituel.

# Chapitre 2 : Développement Spirituel

# Aspirant spirituel

Grâce à la recherche spirituelle, nous avons appris qu'il y a deux raisons pour lesquelles nous sommes nés :

- **Pour "vivre" notre but**

- **Afin de progresser spirituellement**

"Vivre" notre destinée est un processus que, pour l'essentiel, nous sommes impuissants à contrôler. Cependant, il est toujours possible de faire des efforts conscients pour progresser spirituellement. Avoir un but spirituel et des qualités spécifiques dans nos vies nous aide à réussir dans de telles entreprises.

Un chercheur spirituel est une personne qui, de manière constante :

- **Fait des efforts sincères et honnêtes pour progresser spirituellement ;**

- **A un fort désir de le faire ;**

- **Travaille à améliorer quantitativement et qualitativement sa pratique spirituelle.**

Il est crucial qu'un aspirant spirituel adhère aux six principes directeurs de la pratique spirituelle dans tous ses efforts pour progresser spirituellement.

Pour être véritablement un aspirant spirituel à la recherche de Dieu, il faut cultiver une introversion spirituelle ou se concentrer sur Dieu. Les cinq sens, l'esprit et l'intellect deviennent progressivement moins développés en raison de l'introversion spirituelle.

Un pratiquant spirituel non aspirant, en revanche, travaille à renforcer son identification avec les cinq sens, l'esprit et l'intellect.

Un aspirant spirituel possède certaines qualités fondamentales. Ces caractéristiques le soutiennent dans sa pratique spirituelle :

- **La curiosité**

- **L'erreur de la pratique**

- **La confiance en son intelligence**

- **La persistance**

À cet égard, il existe quelques caractéristiques d'un aspirant spirituel idéal. Voici quelques exemples que nous avons répertoriés :

❖ Il s'efforce de tout considérer d'un point de vue spirituel et se concentre sur le souvenir constant de Dieu ou de son gourou au service de la "Vérité Absolue."

❖ Il a un fort désir d'être libéré du cycle de la naissance et de la mort. Il veut changer en éliminant les défauts de sa personnalité et assimiler les qualités divines.

❖ Il tente d'attribuer à Dieu le mérite de chaque action, d'accomplir chaque "activité" de manière irréprochable, de réaliser chaque action "comme une pratique spirituelle, d'encourager les autres à faire de même", et de "refléter l'amour pour" ou "aimer" tout ce que Dieu a fait.

À mesure qu'un aspirant spirituel se développe spirituellement, il ressemble davantage à ces qualités "idéales". Un disciple fait preuve de plusieurs de ces traits dans chacun de ses actes.

Toute tentative sera plus facile à réaliser si l'on a le "Désir" de s'améliorer et de devenir un meilleur être spirituel et humain. En matière de Spiritualité, le désir de grandir spirituellement est de la plus haute importance.

Les mesures concrètes qui peuvent être prises pour améliorer la "qualité des chercheurs spirituels" sont énumérées ci-dessous. Ces mesures peuvent être appliquées à la vie quotidienne, par exemple au travail ou à la maison :

- **Nous voulons maintenir le rythme actuel de notre pratique spirituelle tout en augmentant sa qualité et sa quantité** : Par exemple, si l'on répète le nom de Dieu pendant deux heures chaque jour en s'adonnant à ses activités quotidiennes, on peut essayer d'augmenter ce nombre à trois heures le mois suivant, puis à quatre heures le mois d'après.

- **Observer les qualités d'autres personnes et les modeler** : Par exemple, la propreté et la ponctualité. Si quelqu'un semble toujours être ponctuel, on peut essayer de faire des efforts pour être ponctuel.

- **Développez l'état d'esprit "d'apprendre des situations"** : Par exemple, plutôt que de s'énerver contre nous-mêmes si un collègue continue à nous réprimander, nous pouvons essayer d'apprendre comment rester cool, comment aider l'autre personne, comment maintenir une perspective spirituelle sur la situation, etc. Cela contribuera au développement de l'amour inconditionnel pour les autres, une qualité divine.

Les qualités d'un aspirant spirituel se développent automatiquement en nous lorsque nous travaillons sur ces choses-là avec intention. Il est vital de se rappeler qu'être un chercheur spirituel est une attitude que l'on pratique quotidiennement plutôt qu'un statut. Si l'on adopte les caractéristiques d'un aspirant spirituel, il y a plus de chances que la croissance spirituelle se fasse rapidement. Le voyage spirituel sera plus facile si l'on développe ces qualités, et l'on fera sans doute l'expérience de plus de bienveillance.

Il y a eu des cas où une certaine pratique spirituelle a été sincèrement "suivie" par de nombreuses personnes, parfois pendant de très longues années, sans que l'avancement spirituel souhaité ne soit réalisé.

# L'éveil Spirituel

Selon la science de la Spiritualité, une personne est qualifiée de saint si son niveau spirituel est supérieur à 70 %. Les saints qui vivent sur terre sont les autorités en matière de Spiritualité, tout comme nous avons des personnes qui sont au sommet de leur domaine dans le monde matériel. Ils ne sont pas simplement des inadaptés, mais pratiquent la science de la Spiritualité dans la vie quotidienne et sont des âmes qui ont atteint Dieu.

Les gourous sont le nom donné à ces saints qui enseignent activement la Spiritualité et nourrissent la croissance spirituelle des autres. Moins de 10 % des saints sur Terre sont des gourous. Dans notre monde hautement matérialiste, les gourous sont la manifestation physique des enseignements de Dieu et servent de source de connaissance spirituelle.

Aucun instrument scientifique actuel ne peut mesurer le niveau spirituel d'une personne, et personne ne peut définir intellectuellement ce qu'il est. Seul un saint ou un gourou est capable de déterminer le niveau spirituel d'une personne grâce à son sixième sens ou à une perception subtile hautement activée.

La question de la précision avec laquelle un saint peut évaluer le niveau spirituel d'une personne est fréquemment posée.

De la même manière que l'œil peut distinguer un objet bleu d'un objet rouge avec une précision de 100 % grâce à sa capacité inhérente, la capacité du sixième sens d'un saint lui permet d'estimer précisément le niveau spirituel d'une personne. Le sixième sens permet de mesurer le monde invisible avec précision et avec une forte conscience.

La perspective et l'attitude d'une personne changent à mesure que son développement spirituel progresse. Par exemple, il peut être assez difficile pour une personne ayant un niveau de spiritualité de 30% de trouver le temps, dans son travail extrêmement exigeant, de se rendre à une conférence sur la spiritualité. La même personne avec les mêmes tâches qui a atteint un niveau de 40% trouvera facilement le temps d'assister régulièrement à une conférence sur la spiritualité et d'étudier régulièrement des textes spirituels.

Une personne ayant un niveau de spiritualité spécifique, par exemple 30 % du niveau, ne peut se lier qu'à une personne qui diffère d'elle d'une certaine manière. Par exemple, il sera assez difficile pour une personne ayant un niveau de spiritualité de 30 % d'entrer en relation avec une personne ayant un niveau de spiritualité de 40 %, et vice versa.

Il est possible de déterminer si une autre personne est quelque peu en avance sur le plan spirituel en utilisant l'intelligence. Toutefois, cette estimation restera peu fiable.

Il est difficile de déterminer si quelqu'un est un saint en utilisant l'intelligence. Le nombre de facteurs contributifs qui définissent le niveau spirituel d'une personne est un nombre défini.

# Développement spirituel et ego

La quantité d'ego ou d'obscurité entourant le moi élevé et le degré d'identification avec le moi intérieur sont des facteurs cruciaux dans le développement spirituel d'une personne.

J'entends par là la tendance de l'être humain à se percevoir uniquement à travers ses cinq sens, son ego et son intelligence. Cet ego est également connu comme l'ignorance spirituelle de notre véritable état d'existence, qui est l'âme.

Nos structures éducatives et sociales actuelles nous apprennent à nous identifier à notre corps, à notre esprit et à notre intellect, sans nous rendre compte que nous sommes en fait une seule et même personne à l'intérieur.

Après avoir étudié la science de la Spiritualité, même si l'on comprend intellectuellement qu'il existe un "moi" en soi, on est incapable de le percevoir ou de le ressentir. Lorsque l'on s'engage dans une pratique spirituelle, l'obscurité ou l'ego commence à s'estomper, et continue à le faire jusqu'à ce que l'on atteigne le plus haut niveau spirituel ou que l'on soit capable de reconnaître la véritable nature de soi-même.

Notre ego commence à diminuer à la suite de la pratique spirituelle, ce qui est directement lié à la croissance spirituelle. Une diminution de l'ego s'accompagne alors d'une augmentation de la spiritualité.

À un certain niveau spirituel, une personne est très égocentrique, consciente d'elle-même et ne pense qu'à elle-même. Lorsque nous nous engageons dans une pratique spirituelle, la conscience de notre corps est diminuée. Nous pensons que nous sommes non seulement capables de supporter l'inconfort et la souffrance, mais que nous sommes également capables d'accepter des éloges sans perdre notre sang-froid.

Un signe d'un ego élevé, par exemple, serait qu'une femme se fasse dire qu'elle est grosse ou vieille ; elle serait déprimée pendant un certain temps.

Une autre manifestation de l'ego est lorsqu'une personne garde sa pratique spirituelle privée parce qu'elle risque de l'aliéner de ses partenaires.

La plupart du temps, lorsque quelqu'un nous fait remarquer nos erreurs, nous avons une réaction. Être incapable d'admettre ses erreurs est un symptôme de l'ego.

Si une personne se concentre moins sur son propre bonheur qu'une personne normale, c'est une indication claire que son niveau spirituel est plus élevé. Une personne qui a atteint le niveau spirituel d'un saint ne consacre qu'environ 10 % de son attention à son propre bien-être.

L'une des raisons de cette diminution de l'attention est qu'à mesure que le développement spirituel progresse, l'identification d'une personne à son corps, son esprit et son intelligence diminue progressivement.

Les exemples d'une personne normale qui se préoccupe de son propre bien-être sont nombreux. Cela comprend :

- La colère d'avoir à s'occuper d'un membre de sa famille car, cela la fait se sentir mal dans sa peau.

- Être prêt à assister à une présentation sur la Spiritualité à condition qu'elle soit proche et immédiate.

- Être prêt à faire une contribution financière pour protester contre une injustice, mais il hésite à y consacrer du temps et des efforts parce qu'il craint les retombées.

Le fait de ne pas se concentrer sur son propre bonheur a pour effet secondaire positif de nous rendre plus expansifs.

Paradoxalement, même si nous avons tendance à attendre moins de notre propre bonheur à mesure que nous progressons spirituellement, quelqu'un bénéficie de cette progression et accède à plus de bonheur dans la vie.

Le bonheur augmente qualitativement et quantitativement à mesure que notre maturité spirituelle s'élève. Un saint fait l'expérience de la béatitude, un état surhumain qui est supérieur et au-delà du bonheur.

# Développement spirituel et pratique spirituelle

Au fur et à mesure que notre maturité spirituelle s'accroît, notre capacité de pratique spirituelle, tant en quantité qu'en qualité, augmente également.

Notre capacité à nous engager dans une pratique spirituelle plus importante équivaut à développer des "muscles spirituels". Plus nous nous engageons dans une pratique spirituelle, plus nos "muscles" spirituels se renforcent.

Une pratique spirituelle commence, au sens propre, à un niveau de 35%. Selon les principes fondamentaux de la spiritualité, cela signifie que l'on recherche et pratique réellement la spiritualité tous les jours.

L'une des conditions du développement spirituel est de dépasser une pratique spirituelle sectaire (qui implique l'adhésion à une foi particulière) et de développer progressivement une pratique de plus haut niveau, plus subtile.

Par exemple, une personne qui avait auparavant adoré Dieu par des actes d'adoration physiques passe à une forme d'adoration plus élevée et plus subtile, à savoir l'adoration mentale. La pratique spirituelle consistant à répéter le nom de Dieu en est un exemple.

Voici quelques exemples qui illustrent la différence d'attitude à l'égard d'une pratique spirituelle :

- Il y a très peu ou pas de pratique spirituelle à 20 % du niveau spirituel. Si les gens se rendent dans des lieux de culte, c'est généralement par nécessité ou pour se distraire.

- À un niveau spirituel de 30%, il y a un désir général de visiter un lieu de pèlerinage et d'adorer le Dieu de manière rituelle.

- Une personne ayant un niveau spirituel de 40 % a le désir d'apprendre des connaissances spirituelles et de les mettre en pratique. Elle va investir une part importante de son temps libre dans une quête spirituelle.

- Une personne dont le niveau spirituel est de 50 % passe de sa propre religion à une Spiritualité pure. Le but principal de la vie est la croissance spirituelle plutôt que de se libérer de tout attachement ou de toute réussite terrestre matérielle. Par conséquent, la majorité de leur temps est consacrée à la pratique spirituelle, indépendamment de leur statut marital ou de leur lieu de travail, par exemple.

Cela ne suit pas automatiquement que ceux qui sont à un niveau spirituel de 50% renoncent aux biens matériels, vie du monde ou profession, seulement que l'attention change d'acquérir des progrès matériels à atteindre des progrès spirituels. Ainsi la personne qui précédemment tenait beaucoup à ce qu'il gagne et ce que les autres pensent de lui, maintenant serait plus intéresser à ce que Dieu pense de lui.

# Développement spirituel et émotions psychologiques

La positivité est rare dans le monde égocentrique et impitoyable d'aujourd'hui, surtout lorsqu'il s'agit des autres. Mais après avoir atteint ce niveau, qui est plus élevé que celui d'une personne incontrôlable ou émotionnellement indifférente, il faut se rappeler que ce n'est pas l'état final.

La vérité est que les émotions psychologiques sont le résultat de l'esprit, qui est une composante de l'obscurité qui enveloppe et rouvre notre âme. En conséquence, nous sommes plus éloignés de l'expérience de Dieu (L'âme) en nous.

Dieu a le contrôle des émotions psychologiques et fait l'expérience du bonheur suprême connu sous le nom de Béatitude. Lorsqu'une personne se développe spirituellement, elle devient moins encline à agir sur ses émotions.

L'état mental d'une personne devient équilibré et n'oscille plus entre des hauts et des bas en fonction des événements qui se produisent autour d'elle.

Une jeune femme dont le niveau spirituel est de 20 % peut connaître une crise après s'être fait couper la frange de trop près, et elle peut passer plusieurs jours accablés par sa détresse. La même femme, après avoir atteint un niveau spirituel de 50%, continuera à être forte même si elle est atteinte d'une maladie mortelle comme le cancer.

L'émotion spirituelle envers Dieu consiste à avoir une forte conscience de l'existence de Dieu en chacun, ainsi qu'à ressentir la présence de Dieu au cours des activités et des expériences quotidiennes qui sont fondées sur cette conscience.

Lorsqu'une émotion spirituelle devient plus forte, une personne est de plus en plus capable de sentir la main de Dieu dans tous les aspects de la vie et peut ainsi donner plus d'elle-même à Dieu.

Le Principe Divin peut alors opérer à travers une personne une fois qu'elle a atteint l'état d'abandon. Ce principe devient progressivement de plus en plus apparent dans la personne, et tant elle que ceux qui l'entourent font l'expérience du flux d'énergie divine à travers elle.

Une personne ayant un niveau spirituel de 20 % peut être fière de ses propres capacités intellectuelles après avoir signé un contrat important. Dans les mêmes circonstances, une personne ayant un niveau spirituel de 50 % éprouvera des émotions spirituelles et sera submergée par la gratitude pour la bonté de Dieu qui a honoré l'accord.

Il y aurait beaucoup de jalousie et de tristesse si la personne ayant un niveau spirituel de 20 % perdait le contrat. Cependant, dans les mêmes circonstances, une personne ayant une maturité spirituelle de 50% serait capable de reconnaître la main de Dieu à l'œuvre et de comprendre que le contrat a été accordé à la partie la plus méritante. Cette personne ressentirait également de la gratitude envers Dieu pour lui avoir permis de vivre cette circonstance particulière.

# Développement spirituel et variantes

Le niveau de Spiritualité que chacun d'entre nous possède dépend de la façon dont nous vivons notre vie et de la façon dont les événements et les objectifs de notre vie nous affectent. Voici quelques aspects de l'idée du niveau spirituel et de la manière dont il influence nos vies.

## *Niveau spirituel et la naissance*

Chacun d'entre nous est né avec un certain niveau de Spiritualité. Il est basé sur la maturité spirituelle atteinte dans une vie précédente. Ainsi, si une personne s'engage dans une pratique spirituelle et atteint un niveau de Spiritualité de 50 %, elle naîtra dans sa prochaine vie à ce même niveau.

L'idée fondamentale de la Spiritualité est que nous devons reprendre là où nous nous sommes arrêtés dans une vie antérieure. Ce n'est pas comme si on apprenait tout dans ce monde à partir de zéro à chaque fois qu'on recommence.

## *Niveau spirituel et compatibilités*

Comme nous l'avons déjà vu, une disparité dans la maturité spirituelle peut avoir un impact significatif sur la façon dont deux personnes voient le monde. Par conséquent, la compatibilité diminue à mesure que la distance spirituelle entre deux personnes augmente. Ce facteur est à l'origine de 5 % de l'incompatibilité entre deux personnes.

Même lorsque deux personnes sont à des niveaux spirituels similaires, l'incompatibilité peut survenir en raison de différences dans le désir de croissance spirituelle.

Une autre raison d'incompatibilité entre deux chercheurs de Dieu est lorsqu'un chercheur se concentre sur sa pratique spirituelle personnelle alors que l'autre chercheur se concentre sur sa pratique spirituelle pour élever la société. Cela peut provoquer une incompatibilité allant jusqu'à 8 % entre deux personnes qui cherchent Dieu.

### Niveau spirituel et protection

En nous développant spirituellement, nous accédons à un niveau de pouvoir extrêmement élevé dans l'univers. Vient ensuite le niveau de pouvoir le plus bas, ou pouvoir physique, ce qui permet de mettre les choses en perspective. La plupart des gens passent leur vie entière à essayer d'atteindre un aspect de ce pouvoir.

La seule façon fiable de se défendre contre les énergies négatives imaginaires, etc., est de se développer spirituellement.

La personne est extrêmement vulnérable aux attaques de tous types de créatures fantastiques (démons, diable, énergies négatives, etc.) lorsque son niveau spirituel se situe entre 20 et 30 %. À ce stade, tous les fantasmes sont autorisés à posséder ce qu'ils désirent, car personne ne peut bénéficier de la protection de Dieu.

# Chapitre 3 : Expérience spirituelle

# Expérience et expérience spirituelle

Les définitions générales de « l'expérience » incluent les cinq sens, l'esprit et l'intelligence combinés.

Par exemple, manger son plat préféré, ressentir de l'amour pour son enfant, utiliser son intelligence pour résoudre un problème au travail, etc. entrent tous dans la catégorie des « expériences ».

Vivre tout ce qui est au-delà des cinq sens, de l'esprit et de l'intellect constitue une « expérience spirituelle » Même si un événement est perçu par les cinq sens, l'esprit et l'intelligence, mais que la raison sous-jacente est au-delà de l'intellect brut de la race humaine, il s'agit toujours d'une « expérience spirituelle ».

Nous faisons l'expérience du monde en général par l'intermédiaire de nos cinq sens, de notre esprit et de notre intelligence. Outre les cinq sens, l'esprit et l'intelligence dont nous sommes pleinement conscients, nous possédons également cinq sens subconscients, un esprit subconscient et un intellect subconscient qui, lorsqu'ils sont développés ou activés, nous aident à découvrir le monde ou la dimension subconsciente. Cette expérience subliminale est appelée « expérience spirituelle ».

Par exemple, une dame qui sent un bouquet de roses sentira un parfum à la rose. Il s'agirait d'une expérience car, il y a une source spécifique du parfum de rose provenant du bouquet de roses.

Une autre femme sirote son café du matin en pensant à sa journée de travail. Sans cause évidente et tout d'un coup, elle détecte une forte odeur de bois de santal. Elle n'y prête pas attention car, elle ne voit pas d'où ça vient et continue à boire son café. Cependant, l'odeur la suit jusqu'à son lieu de travail et y reste toute la matinée. Elle demande aux autres personnes présentes dans le secteur si elles peuvent sentir le parfum, mais personne ne lui répond. Il s'agirait d'une expérience spirituelle. Dans ce cas, la personne a réussi à détecter une faible odeur émanant de la dimension subtile et a fait l'expérience du parfum à travers cette faible odeur.

Beaucoup d'entre nous ont déjà senti quelque chose qui n'avait pas de source évidente, mais nous n'y avons pas réfléchi parce que nous ne savions pas ce que c'était.

Une expérience spirituelle peut également être appréhendée par les quatre autres sens subliminaux que sont le goût, le toucher, le son et l'ouïe, ainsi que par l'esprit subliminal et l'intelligence subliminale. Cette perception supplémentaire que nous avons est appelée notre sixième sens.

Comme indiqué ci-dessus, même si une personne est capable de voir un événement en utilisant ses cinq sens, son esprit et son intelligence, mais que la raison sous-jacente est au-delà de son intelligence générale, cela compte quand même comme une expérience spirituelle.

Par exemple, un objet se déplace sans explication externe évidente et peut être vu par toute personne ayant une vue non assistée (non pas avec la vue subtile). Dans le langage courant, ces expériences sont qualifiées de paranormales. Ces expériences sont appelées « les perceptions de la dimension subtile ».

Prenons l'exemple d'une autre mère dont l'enfant a besoin de soins intensifs après un accident et se trouve dans un état critique. Les médecins ont tout essayé, mais l'enfant ne réagit pas. Ils sont incapables de faire la moindre promesse. En dernier recours, elle a prié Dieu avec ferveur pour son enfant inconscient. Puis, miraculeusement et sans aucune explication médicale, l'état de l'enfant s'améliore le jour suivant. La détresse de la mère et la santé de l'enfant sont toutes deux évidentes, mais l'intelligence ne peut expliquer pourquoi la science médicale rejette les lois de l'amélioration. Ce genre d'expérience est aussi une expérience spirituelle.

# Le sixième sens

Le sixième sens, également appelé capacité de perception subtile, est notre capacité à percevoir la dimension subtile, souvent connue comme le monde invisible des anges, des fantasmes, du paradis, etc.

Elle reconnaît notre capacité à discerner les causes et les effets subtils de nombreux événements, ce qui va au-delà de ce que l'on entend par intelligence.

La perception extrasensorielle, la clairvoyance, la prémonition et l'intuition sont autant de termes pour désigner le sixième sens ou la capacité de perception subtile.

## *Le monde invisible*

Nous utilisons nos cinq sens physiques : Le goût, la vue, le toucher, l'odorat et l'ouïe ; ainsi que nos émotions et nos capacités de décision pour percevoir le monde physique ou visuel.

Les cinq sens subtils, l'esprit subtil et l'intellect subtil, parfois appelés sixième sens, nous permettent de voir le monde invisible ou subtil lorsque nous y pénétrons.

Lorsque le sixième sens est développé ou activé, il nous aide à découvrir le monde subtil ou la dimension subtile. Le terme "expérience spirituelle" est également utilisé pour décrire cette expérience du monde subtil.

L'univers est composé des cinq éléments cosmiques fondamentaux. Ces éléments cosmiques ne peuvent être vus, mais ils représentent l'ensemble de la création.

Lorsque notre sixième sens entre en action, nous commençons à voir progressivement ces éléments absolus, en commençant par les plus évidents et en descendant vers les plus subtils. Ainsi, en utilisant nos sens subtils de l'odorat, du goût, de la vision, du toucher et du son, nous sommes capables de les percevoir dans l'ordre des cinq éléments fondamentaux que sont la terre, l'eau, le feu, l'air et l'éther.

Lorsqu'une personne perçoit quelque chose à travers un organe sensoriel subtil, comme le nez, la source peut être soit une énergie bénéfique comme une divinité, soit une énergie négative comme un fantasme.

## Développer son sixième sens

Même si nous sommes incapables de percevoir le monde subtil, il a néanmoins un impact important sur notre vie. Il faut une "antenne spirituelle", ou l'éveil de notre sixième sens, pour que nous soyons en harmonie avec ce monde.

Le développement de notre sixième sens se produit lorsque nous nous engageons dans une pratique spirituelle. Nous élevons notre niveau spirituel et devenons plus aptes à percevoir et à découvrir le monde subtil à de plus grandes profondeurs via une pratique spirituelle régulière basée sur les six principes fondamentaux de la Spiritualité.

Une télévision sans antenne ne peut recevoir le signal d'une station. De la même manière, nous sommes constamment entourés par le monde spirituel et la présence de Dieu, mais nous ne les verrons pas tant que nous ne commencerons pas à nous engager dans des pratiques spirituelles qui finiront par éveiller notre sixième sens.

Parfois, même en l'absence de pratique spirituelle, nous voyons des personnes ayant la capacité de percevoir le monde subtil à un très jeune âge.

La cause en est qu'elles ont atteint un niveau spirituel à la suite d'une pratique spirituelle effectuée dans une naissance antérieure (vie antérieure). Ils ont été contrôlés par un fantôme (sorcier) depuis l'enfance, ce qui est une autre explication de la façon dont cela peut se produire. Dans ce cas, le sixième sens du sorcier est en effet en jeu.

### *Sixième sens et niveau spirituel*

Grâce à notre capacité à percevoir des informations subtiles, ou sixième sens, à mesure que notre niveau spirituel s'élève, nous sommes progressivement capables de voir la réalité subtile à un niveau plus élevé.

À un niveau spirituel de 70 %, le maximum qui peut être perçu par les organes des sens subtils est atteint. Par conséquent, il n'y a pas d'augmentation supplémentaire de la perception subtile par les cinq organes des sens subtils avec une nouvelle élévation du niveau spirituel.

Cependant, tant que le niveau spirituel de 100 % n'est pas atteint, l'esprit subtil et l'intelligence subtile continueront à s'aligner sur l'esprit universel et l'intelligence universelle.

Le niveau minimal de conscience spirituelle requis pour percevoir chacun des cinq sens subtils individuellement, si seulement notre sixième sens dépendait uniquement de la conscience spirituelle. Par exemple, avec un niveau spirituel de 40%, on peut détecter l'odeur subtile.

Il est crucial de noter ce qui suit :

- Lorsqu'une personne accomplit une expérience spirituelle d'odeur subtile, cela ne signifie pas nécessairement qu'elle a atteint le niveau spirituel de 40 %. Plus fréquemment, une augmentation temporaire ou momentanée du niveau ou de la capacité spirituelle se produit à la suite d'une pratique spirituelle sérieuse, comme répéter le nom de Dieu ou être avec un saint, etc.

- D'autres facteurs peuvent affecter l'expérience. Par exemple, si un fantôme (démon, diable, être d'énergie négative, etc.) veut que quelqu'un recueille l'odeur de pipi autour de sa maison pour l'expulser, il peut utiliser l'énergie spirituelle pour y parvenir. Ceci sans qu'il soit nécessaire d'élever le niveau spirituel de la personne ciblée.

- Cela ne signifie pas que toute personne ayant un niveau de spiritualité de 40 % sera nécessairement capable de détecter une faible odeur. Le niveau spirituel d'une personne est fonction de nombreuses qualités différentes ; le sixième sens n'est que l'une d'entre elles.

- Cela ne veut pas dire que ces personnes peuvent détecter toutes les variétés d'odeurs subtiles ou qu'elles peuvent le faire constamment et à tout moment.

- Cela n'implique pas qu'une personne ayant un niveau spirituel de 40 % ou plus sera nécessairement capable de détecter une odeur subtile. Une personne peut atteindre la sainteté (c'est-à-dire le niveau spirituel de 70 %) sans jamais faire l'expérience de quoi que ce soit par les cinq sens subtils. L'une des raisons de cette absence d'expérience peut être que la personne a déjà vécu de telles expériences dans le passé et qu'elle n'en a pas besoin pour le moment. Cependant, tous les saints possèdent le sixième sens, qui est lié à l'esprit et à l'intelligence subtile.

Ce n'est qu'à des niveaux spirituels plus élevés que l'on peut percevoir les subtilités du toucher et de l'ouïe. La raison en est qu'ils sont plus subtils que les cinq autres sens subtils.

En général, les femmes ont un sixième sens plus fort que les hommes. Les femmes sont plus naturellement capables de percevoir avec leurs sens extrasensoriels, et elles ont aussi tendance à être plus intuitives que les hommes.

L'une des principales causes de ce phénomène est que les hommes ont tendance à être plus orientés vers l'intellect et à pencher davantage du côté rationnel.

## *Expériences spirituelles, esprit subtil et intelligence subtile*

Parfois, on peut éprouver un étrange sentiment de « retour à la maison » en voyant une maison totalement inconnue, avoir le sentiment d'une catastrophe imminente ou éprouver un amour non partagé pour une personne qui n'est pas à son goût.

Il s'agit d'expériences vécues par l'esprit subtil. Nous sommes incapables de comprendre la motivation de ces sentiments. Nous faisons parfois référence à des individus qui communiquent avec des êtres dans les régions subtiles et obtiennent des informations de ces régions.

Les personnes qui s'informent sur les dimensions subtiles le font généralement de l'une des trois manières suivantes :

- En permettant à une entité subtile d'écrire leur message à l'aide de leur main (un processus connu sous le nom d'écriture automatique).

- Par une vision où elles peuvent réellement voir les mots ou les passages devant leurs yeux.

- Grâce à quelques réflexions.

Toute personne qui souhaite recevoir des connaissances de la dimension subtile peut le faire :

- ❖ Automatiquement, grâce à sa capacité à puiser dans la pensée et l'intellect universels

- ❖ En réponse à des questions spécifiquement posées aux entités subtiles. Ils peuvent y parvenir en utilisant leur sixième sens, leur esprit et leur intelligence subtile.

Dans les deux situations, la personne est consciente de la dimension subtile, mais seule une personne ayant progressé spirituellement peut dire si la connaissance qu'elle a reçue est le résultat de la première ou de la deuxième méthode.

Le plus souvent, les gens communiquent avec des entités souterraines d'autres mondes souterrains, comme le purgatoire et l'enfer, et très rarement avec des divinités ou Dieu, qui est l'esprit et l'intelligence universels.

Le type, la qualité ou le niveau des informations reçues dépendent de la Spiritualité de l'individu qui les reçoit.

La plupart du temps, les informations obtenues dans des régions basses comme l'enfer ou le purgatoire sont de nature matérielle et ne sont significatives que pour une petite partie du monde pendant une brève période de temps.

Une illustration de cela serait de savoir si la personne prévoit de se marier ou de trouver un emploi. N'importe quel parti politique peut remporter des élections dans certains pays, ce qui est une autre illustration du type de connaissance qui s'acquiert à un niveau de subtilité plus élémentaire dans le monde spirituel.

À 40 % du niveau spirituel, les corps subtils peuvent recevoir la connaissance qui leur est supérieure des corps subtils des niveaux supérieurs.

Il en va de même pour les corps subtils de niveau légèrement supérieur ou similaire qui possèdent les connaissances nécessaires pour les transmettre. C'est comme si un maçon demandait à quelqu'un d'autre des connaissances sur son architecture ou sa cuisine.

La connaissance des corps subtils provenant de lieux élevés comme le Mahlok (au-dessus du paradis) est de nature spirituelle. Les connaissances acquises servent de plus en plus un objectif plus global et s'étendent sur une période plus longue, au-delà de plusieurs siècles.

Recevoir la connaissance divine de l'esprit et de l'intelligence universels (c'est-à-dire les aspects de l'esprit et de l'intelligence de Dieu) est de la plus haute importance. Il n'est possible que pour les saints d'obtenir cette connaissance.

Il faut une personne ayant un très haut niveau spirituel, comme un saint ayant un niveau de 90% ou plus, pour identifier correctement la source de la connaissance ou son exactitude.

Quelques indices permettent de penser que la connaissance provient d'une source extérieure et non de sa propre imagination.

Lorsque le sujet de la connaissance est complètement en dehors du domaine d'expertise du destinataire. Par exemple, il y a un chercheur spirituel qui a à peine terminé ses études et qui reçoit pourtant des diagrammes complexes.

Une combinaison de facteurs détermine qui reçoit la connaissance subtile. L'un des facteurs clés pour déterminer qui reçoit la connaissance subtile est la maturité spirituelle d'une personne.

Outre le niveau spirituel d'une personne, les facteurs suivants influencent le fait qu'une personne vive ou non des expériences spirituelles supérieures, comme la réception de la connaissance :

- La motivation et le désir humains intenses.

- La nécessité de la mission de Dieu.

- La résolution et les bénédictions du gourou (un guide spirituel au-dessus du niveau spirituel de 70 %).

- La destinée de l'individu.

Il est important de garder à l'esprit qu'une personne ayant un niveau spirituel supérieur peut être intéressée par la réception de connaissances d'un type inférieur, comme des préoccupations concernant les événements quotidiens sur Terre.

Même si elle serait capable de recevoir des connaissances de haut niveau de la part des corps subtils, elle les recevrait plutôt par l'intermédiaire de corps subtils de niveau inférieur.

Toutefois, si une personne a un profond désir d'apprendre les principes supérieurs de la science spirituelle et que son niveau spirituel est relativement bas, disons 50 %, elle recevra la connaissance des corps subtils des régions supérieures ou plus élevées, surtout si le gourou lui accorde sa faveur.

Parfois, les gens ont des intuitions sur des choses qui vont se produire ou des prémonitions sur des choses qui se sont déjà produites. Cela est possible de deux manières :

- **En traversant les corps subtils** : Leur pressentiment (connaissance) a été implanté en eux par les corps subtils. La plupart du temps, les corps ou entités subtils sont des fantasmes du Purgatoire ou des Enfers. Dans certaines circonstances, ces corps subtils ont la capacité de voir à travers le temps. S'ils n'ont pas cette capacité eux-mêmes, ils obtiennent la connaissance de fantômes de niveau supérieur ainsi que de sorciers qui la possèdent.

- **Accès à l'esprit et à l'intelligence universels** : L'esprit et l'intelligence universels comportent sept niveaux. Une personne peut être en mesure d'accéder à un niveau de l'esprit et de l'intelligence universels inférieur ou supérieur en fonction du niveau de son sixième sens.

La prémonition (avertissement de l'avenir), la clairvoyance (connaissance reçue à distance) et la précognition (information reçue à un moment éloigné) impliquent presque toujours la réception d'informations provenant de corps subtils plutôt que la capacité d'accéder à l'esprit et à l'intelligence universelle. Le préjudice que les corps subtils peuvent entraîner est expliqué dans la section qui suit.

Le niveau de spiritualité requis pour obtenir la connaissance des corps subtils est généralement le même que celui requis pour recevoir la connaissance personnelle, et l'exactitude et la qualité de la connaissance sont également les mêmes.

Pour mieux comprendre cette idée, imaginons une échelle allant de 0 à 100 % où aucune connaissance n'est égale à 0 %. Les niveaux de connaissance les plus bas que l'intelligence peut comprendre sont de 1 %, et la connaissance totale de l'intelligence est de 100 %.

Une personne ayant un niveau spirituel de 40 % reçoit généralement des connaissances d'un corps subtil ayant un niveau spirituel correspondant de 40 %, mais le niveau des connaissances et la précision sont tous deux à 40 %.

La réception des connaissances est plus susceptible d'être causée par des fantasmes (démons, énergies négatives, etc.) jusqu'à un niveau spirituel de 70%, elle est donc accompagnée d'une quantité importante d'énergie noire.

Ceux qui ne connaissent pas les mécanismes de la réception des connaissances peuvent ignorer ce fait et avoir une croyance erronée dans toutes les connaissances acquises.

Il est fort probable que les connaissances soient inexactes en partie ou en totalité si elles sont reçues par l'intermédiaire des corps subtils. Afin de gagner la confiance, les corps subtils fournissent généralement de bonnes informations au début.

Une fois celle-ci établie, il fournit à certains degrés des informations inexactes ou trompeuses. Un autre point crucial à garder à l'esprit est que toute connaissance obtenue par les corps subtils est toujours entourée d'énergie sombre. Celle-ci a un impact négatif sur le destinataire à plusieurs égards, notamment une santé mentale fragile, des faiblesses psychologiques, une intelligence altérée, etc.

Toutefois, ce processus est si rapide que ni la personne ni son entourage n'en sont conscients. Si ce processus d'apprentissage se poursuit pendant un certain temps, l'individu finit par se transformer en une marionnette virtuelle entre les mains du subconscient, où il peut être utilisé de multiples façons pour faire avancer les intérêts de ce dernier.

Mais après avoir atteint un niveau spirituel de 70%, la connaissance est soit donnée par les saints et les sages dans les régions les plus élevées au-dessus du paradis, soit reçue par l'utilisation de l'esprit et de l'intelligence universelle, et il n'y a pas d'énergie sombre accompagnant la connaissance.

Après avoir atteint un niveau spirituel de 70 %, une personne commence à recevoir la connaissance absolue de l'esprit et de l'intelligence universelle.

Il existe plusieurs niveaux de compréhension des aspects négatifs de la dimension subtile, notamment la présence de fantômes (démons, énergies négatives, etc.), la possession démoniaque et les attaques de fantômes.

La plupart du temps, les expériences vécues dans la dimension subtile ne sont que la pointe de l'iceberg. La totalité et la diversité de la dimension subtile ne peuvent être perçues qu'à un niveau spirituel d'au moins 90%.


## Mauvais usage du sixième sens

Seule la croissance spirituelle vers la réalisation de Dieu, le but ultime de la croissance spirituelle, devrait être le centre d'intérêt du sixième sens. D'un point de vue strictement spirituel, on considère qu'il y a abus lorsque le sixième sens est appliqué à d'autres choses, comme les affaires du monde matériel de ce monde.

En d'autres termes, on considère comme un mauvais usage du point de vue spirituel le fait qu'un médium utilise ses capacités psychiques pour prédire si quelqu'un va se marier ou trouver un emploi.

Les deux choses suivantes se produisent au fil du temps lorsqu'une personne abuse de son sixième sens :

- Il perd sa capacité. En général, cela se produit sur une période de 30 ans.

- Pour les sorciers ayant une force spirituelle supérieure, ils deviennent des cibles. Au début, les sorciers fournissent des informations authentiques qui suffisent à gagner la confiance de la personne. Mais par la suite, ils s'égarent et égarent les personnes qu'ils guident. Dans de telles circonstances, leur capacité psychologique dure pendant de longues périodes et peut même sembler s'accroître. Cependant, cette capacité psychologique n'est pas due à la personne, mais plutôt au sorcier qui contrôle l'esprit. Dans de tels cas, le don unique du sixième sens mis à la disposition de la personne qui aurait été utilisé pour réaliser Dieu est gaspillé pour des questions sans importance.

# Chapitre 4 : Problèmes spirituels

# Causes fondamentales des difficultés quotidiennes

Comment gérez-vous vos problèmes ? Peut-être tentez-vous de les résoudre systématiquement par vous-même ? Peut-être vous tournez-vous vers les autres pour obtenir de l'aide ? Peut-être les fuyez-vous tout simplement ?

Quelle que soit la méthode employée, la majorité d'entre nous pense que certains de nos problèmes ne disparaîtront jamais, quels que soient nos efforts.

La majorité d'entre nous ne comprend pas pourquoi il en est ainsi, mais environ 80 % des problèmes que nous rencontrons dans la vie ont des dimensions spirituelles comme causes profondes. Il peut s'agir de difficultés financières, de désaccords conjugaux, de dépressions, d'échecs et de maladies chroniques.

Par exemple, si la majorité de la famille connaît des difficultés financières, cela peut être un signe de problèmes d'ancêtres puisque tous les membres de la famille ont les mêmes ancêtres.

De la même manière, d'autres facteurs spirituels tels que le destin ou les problèmes liés aux énergies négatives peuvent être à l'origine des problèmes auxquels nous sommes confrontés.

La science moderne ne reconnaît pas le rôle crucial des facteurs spirituels, mais se concentre uniquement sur les aspects physiques et psychologiques d'un problème. Seule une solution spirituelle permettra d'aborder les problèmes avec leurs causes fondamentales dans le monde spirituel.

# Causes profondes des difficultés dans nos vies

Pour surmonter une difficulté, il faut d'abord comprendre avec précision "la cause racine". Ce n'est qu'après un diagnostic approfondi et précis qui s'attaque à la racine de la difficulté que le traitement approprié peut être prescrit.

Les sciences modernes attribuent la cause racine d'un problème à des facteurs physiques ou psychologiques. Par conséquent, nous ne "chercherons la cause et le remède" que dans ces deux domaines.

Par exemple :

- On utilise des médicaments physiques pour traiter les maladies dont on pense qu'elles ont une base physique.

- L'abus de stupéfiants est traité principalement par la psychothérapie car il est considéré comme un problème psychologique.

Il existe une troisième raison à nos problèmes dans la vie, et elle a trait à notre spiritualité. En effet, les causes spirituelles profondes des difficultés ont un impact important sur notre façon de vivre.

Cependant, les raisons spirituelles sont plus difficiles à comprendre car elles se situent en dehors du domaine de la science moderne.

En fait, l'Organisation mondiale de la santé (OMS) a proposé, lors de l'élaboration de sa définition de la santé, que celle-ci soit « un état de santé positif dans les dimensions de la santé physique, mentale, sociale et spirituelle ». Il a donc été déterminé que le bien-être spirituel est également un facteur qui affecte notre santé.

Cependant, la recherche spirituelle révèle la véritable mesure dans laquelle les facteurs spirituels contribuent à notre bien-être général.

Grâce à la recherche spirituelle, nous avons découvert que les problèmes moyens de notre vie sont causés par l'une des trois raisons profondes. Jusqu'à 80 % de nos problèmes ont une composante spirituelle. Ces problèmes ne peuvent être résolus que par des moyens spirituels, tels que :

- Une pratique spirituelle qui nous aide à développer notre énergie spirituelle globale pour combattre ou nous isoler de ces problèmes.

- Un remède de guérison spirituelle spécifique appliqué pour traiter un symptôme spécifique provoqué par un facteur spirituel.

Ce faisant, les problèmes spirituels qu'ils ont causés pourront être résolus ou nous aurons le pouvoir de les aider.

Il est essentiel de garder à l'esprit que chaque symptôme physique donné peut avoir une composante d'origine dans les dimensions physique, psychologique ou spirituelle et que ces dimensions ne s'excluent pas mutuellement.

En d'autres termes, les symptômes physiques peuvent être causés par des facteurs qui vont au-delà du domaine physique. Ils peuvent inclure des facteurs physiques et spirituels, ou même des facteurs physiques, spirituels et psychologiques. Par exemple, les éléments suivants peuvent contribuer à des douleurs abdominales sévères :

- **Physiquement** : La consommation d'aliments avariés ou contaminés peut vous donner des douleurs abdominales.

- **Psychologiquement** : Vous pouvez ressentir des douleurs abdominales si vous êtes anxieux ou stressé dans l'attente d'un résultat ou d'une bonne nouvelle.

- **Spirituellement** : Un esprit malveillant peut prendre le contrôle de votre corps et vous faire souffrir de douleurs abdominales.

# Problèmes qui affectent les individus ou les familles

## *Problèmes conjugaux*

Quelle est la justification spirituelle d'un couple mal assorti ?

Habituellement, si un couple connaît des difficultés conjugales et ne parvient pas à les résoudre seul, il peut demander l'aide d'un conseiller conjugal formé en psychologie.

Par ailleurs, une mauvaise communication entre les partenaires peut être déclenchée par les fantômes de parents décédés, ce qui conduit finalement à la dépression. Par conséquent, le stress engendré par les corps subtils de nos ancêtres est la source de la dépression.

En agissant ainsi, les ancêtres tentent d'attirer notre attention afin que nous puissions faire quelque chose de spirituel pour eux afin de les aider à surmonter leurs difficultés dans l'au-delà.

## *Problèmes de maladie*

Quelle pourrait être la racine spirituelle de la douleur ressentie dans la poitrine ?

On vous demandera de participer à une batterie de tests si vous souffrez de douleurs à la poitrine, notamment un électrocardiogramme (ECG), une radiographie pulmonaire, etc. Les médecins peuvent conclure qu'il s'agit d'un cas de névrose cardiaque, un mal de cœur causé par des conflits psychologiques, si rien d'autre n'est trouvé dans les résultats des tests.

La racine de la douleur lancinante persistante et intraitable se trouve généralement dans le domaine spirituel et ne peut être corrigée par la science moderne.

L'une des explications spirituelles de ce phénomène est qu'il existe un blocage dans le système de circulation de l'énergie spirituelle du corps. Ce blocage est généralement dû à un manque de pratique spirituelle.

### Problèmes financiers

Lorsqu'elle traverse une crise financière, une personne peut subir des pertes commerciales importantes en raison d'un personnel peu fiable et peut avoir besoin de l'aide d'un consultant.

Même avec les meilleurs efforts, les pertes commerciales qui semblent inexplicables pourraient être provoquées par des énergies négatives dans les locaux de l'usine.

Il y a une énergie qui réside dans une maison fermée. Des vibrations défavorables peuvent être produites en fonction de l'architecture et du positionnement des meubles et des machines. Il peut en résulter que les travailleurs soient moins efficaces et entrent en conflit les uns avec les autres.

### Addiction à la drogue

Dans certains cas, nous voyons des personnes développer des personnalités toxiques. Mais pourquoi ont-elles fini par devenir des toxicomanes ? Le centre d'insertion peut attribuer la dépression ou un problème de personnalité inadaptée.

La recherche spirituelle a montré que la racine de tous les cas de dépendance est en fait la possession d'un toxicomane par un esprit ou une entité négative.

## La violence à l'école

Quelles sont les questions qui ont un impact sur la société dans son ensemble ? Quels sont les problèmes sous-jacents et comment pouvons-nous essayer de les résoudre ?

Prenez, par exemple, la tendance croissante à l'intimidation dans les écoles. Nous pouvons identifier l'origine de ce manque de courtoisie et de tolérance. L'éducation des enfants pour qu'ils respectent et tolèrent les autres enfants et traitent les autres avec gentillesse peut être un remède.

Lorsque la justice s'est détériorée au niveau de la société, cela se manifeste dans le comportement de nos enfants.

## L'intensité croissante des catastrophes naturelles

Nous attribuons les catastrophes naturelles comme les tsunamis et les inondations qui anéantissent les villes à diverses raisons géographiques. Les géoscientifiques consacrent de nombreuses années et d'énormes sommes d'argent à essayer de prévoir et d'anticiper la prochaine catastrophe naturelle, mais en vain.

Lorsque nous lisons les nouvelles dans les médias aujourd'hui, nous constatons qu'elles sont pleines d'attaques contre l'humanité, de catastrophes naturelles, d'inondations, de tremblements de terre et de pandémies.

C'est dans le domaine spirituel que se trouve la cause première de cette augmentation spectaculaire. Seuls 30 % de l'augmentation peuvent être attribués à des facteurs physiques comme les gaz à effet de serre.

L'augmentation des composants du Raja-Tama dans le monde est comparable à l'accumulation de saletés et d'odeurs dans notre maison. L'environnement naturel de la planète est nettoyé par l'augmentation des catastrophes naturelles, des pandémies et des guerres.

# Le Karma

La loi du karma est incassable, et elle concerne tout le monde. Parfois, nous ne sommes pas conscients que la majorité de nos vies sont destinées à d'autres personnes. C'est le résultat des actes de nos vies passées, ou karma.

Selon la loi du karma, toute action positive entraîne un "mérite", tandis que toute action négative entraîne une "démérite" ou un "péché", que nous devons ensuite "rembourser" dans le bonheur ou le malheur. Chaque événement important de notre vie est prédéterminé, y compris l'endroit où nous sommes nés, la personne que nous épouserons et d'autres détails.

Au cours de nos échanges quotidiens, nous supprimons un ancien compte à prendre et à donner ou nous en créons un nouveau. Si un solde n'est pas réglé à la naissance actuelle, il est reporté à la naissance suivante. Néanmoins, nous ne sommes pas conscients des comptes karmiques que nous avons pris et donné naissance dans le passé.

Il est possible que nous ne soyons pas en mesure de contrôler notre destin dans nos naissances ultérieures, et la contradiction est que nous allons simultanément créer de nouveaux comptes karmiques. Ainsi, ce cercle vicieux du karma et du destin peut nous entraîner plus profondément et nous y maintenir.

La seule façon de nous repentir de nos actes et d'accepter notre destin est d'avoir une pratique spirituelle cohérente et continue. Comprendre la loi du karma nous aide à comprendre comment la pratique spirituelle peut profiter même à ceux qui ne s'intéressent pas à la religion et préfèrent s'engager dans des activités mondaines. Malgré cela, ces activités extraterrestres doivent être séparées de leur destination pour être meilleures.

## *Le but de la vie*

Vous vous demandez souvent : Pourquoi suis-je né, quel est le but de ma vie ? La plupart du temps, nous avons une idée précise de ce que nous voulons dans la vie. Cependant, d'un point de vue spirituel, il existe deux raisons principales pour lesquelles nous existons. Ces raisons, qui servent de définition de base au but de notre vie, sont :

- Compléter le compte de donner et recevoir (Karma) que nous avons avec de nombreuses personnes.

- Faire des progrès spirituels dans le but ultime de rejoindre Dieu et de mettre fin au cycle de la naissance et de la mort.

Chacun d'entre nous a un but différent dans la vie. Être médecin, devenir riche et connu, ou représenter une nation dans un certain domaine sont des exemples de ce que cela peut impliquer. Quel que soit le but de la majorité d'entre nous, il s'agit le plus souvent d'un but matériel.

L'ensemble de notre système éducatif est conçu pour nous aider à atteindre ces objectifs matériels. En tant que parents, nous transmettons le même message à nos enfants en les encourageant à poursuivre leurs études et à choisir un emploi qui leur rapportera davantage en fonction de la carrière qu'ils auront choisie.

Comment peut-on avoir des objectifs matériels tout en gardant à l'esprit le but spirituel de la vie et la raison de notre existence sur Terre ?

La réponse est assez simple. Notre principale motivation à travailler pour obtenir des gains matériels est de nous sentir satisfaits et heureux. Tous nos comportements sont motivés par la poursuite du "bonheur ultime et durable", qui est imparable et intrinsèque. Même lorsque nous avons atteint tous nos objectifs dans ce monde, le bonheur et le contentement qui s'ensuivent sont éphémères.

Ce n'est que par le biais d'une pratique spirituelle qui adhère aux six principes fondamentaux d'une pratique spirituelle que l'on peut atteindre

« une bénédiction suprême et durable ». Le type de bonheur le plus élevé est la Béatitude. Une facette de Dieu est la bienveillance. Lorsqu'une personne est unie à Dieu, elle connaît la félicité éternelle.

Cela ne signifie pas que nous devions cesser de faire ce que nous faisons et nous concentrer uniquement sur une pratique spirituelle. La seule façon de connaître un bonheur suprême et durable est d'intégrer une pratique spirituelle à un mode de vie mondain.

En résumé, notre vie devient plus riche et nous ressentons moins de douleur au fur et à mesure que nos buts dans la vie sont en accord avec l'objectif d'un développement spirituel.


### Le compte de prendre et recevoir

Au cours de plusieurs vies, nous accumulons beaucoup de comptes à prendre et à recevoir, qui sont le résultat direct de nos actions. Selon le caractère positif ou négatif de nos comportements, le bilan peut être positif ou négatif.

À l'heure actuelle, environ 65 % de notre vie est prédéterminée (et hors de notre contrôle), tandis que 35 % de notre vie est régie par notre propre volonté.

Tous les événements importants de notre vie sont pour la plupart intentionnels. Ces événements comprennent notre naissance, la famille dans laquelle nous sommes nés, le conjoint que nous avons épousé, les enfants que nous avons eus, les maladies graves et le moment de notre mort.

La plupart du temps, la joie et la peine que nous donnons et recevons de nos proches et des personnes de notre entourage sont simplement le résultat d'un compte à rebours antérieur qui détermine la façon dont les relations se terminent et progressent.

Cependant, même notre intention actuelle n'est qu'une petite partie du compte total de prendre et de recevoir que nous avons accumulé au cours de nombreuses vies.

Au cours de notre vie, nous finissons par créer d'autres comptes à la suite de nos actions involontaires, après avoir terminé les comptes de prendre et de recevoir attribués pour cette vie particulière. Cela augmente le compte global pour prendre et recevoir, appelé compte accumulé. Par conséquent, nous devons continuellement nous réinventer afin de régler le compte de prise et de réception, qui ne cesse de croître, et nous nous retrouvons piégés dans le cycle de la naissance et de la mort.

### Progrès spirituels

Tout développement spirituel a pour but ultime l'union avec Dieu, quelle que soit la voie empruntée. Être uni à Dieu implique de faire l'expérience de Dieu en soi et dans tout ce qui nous entoure et de se dissocier des cinq sens, du mental et de l'intellect.

Elle atteint un niveau 100% spirituel. La majorité des gens dans le monde d'aujourd'hui ont un niveau spirituel compris entre 20 et 25 %, et ils ne sont pas intéressés à s'engager dans une pratique spirituelle pour faire progresser leur spiritualité.

Ces personnes s'identifient plus fortement à leurs cinq sens, à leur esprit et à leur intelligence. Cela se reflète dans nos vies lorsque nous ne prêtons attention qu'à notre apparence ou lorsque nous agissons avec arrogance par rapport à notre intelligence ou nos réalisations.

Lorsque l'on atteint un niveau spirituel de 80% par une pratique spirituelle, on est libéré du cycle de la naissance et de la mort. Après avoir atteint ce niveau de développement spirituel, nous pouvons boucler nos comptes pour prendre et recevoir des régions supérieures subtiles comme Maharloka et les régions supérieures. Cependant, de temps en temps, ceux dont le niveau spirituel est supérieur à 80 % peuvent décider de revenir sur Terre pour guider l'humanité dans la spiritualité.

Selon des recherches spirituelles, une personne moyenne dans le monde ne connaît le bonheur que 30 % du temps et la tristesse 40 % du temps. Les 30 % restants du temps, la personne est dans un état neutre et n'éprouve ni bonheur ni tristesse.

La principale cause de ce phénomène est que la majorité des gens ont un échelon spirituel bas. De ce fait, les autres souffrent fréquemment des conséquences de nos décisions et de nos actions. Le résultat final est que l'on se retrouve avec un karma négatif. Ainsi, pour la grande majorité de l'humanité, notre prochaine naissance sera bien plus éprouvante que celle-ci.

Malgré les formidables bonds en avant et les avancées scientifiques du monde, nous sommes moins chanceux que les générations précédentes en termes de bonheur, qui est le but ultime de la vie.

Nous désirons tous le bonheur, mais la renaissance dans les vies ultérieures ne pourrait pas nous apporter le contentement durable et complet que nous recherchons. Il n'existe qu'un seul stade de développement spirituel où l'union avec Dieu se traduit par un bonheur constant et durable.

# La loi du Karma

## Règles de concessions mutuelles

De nombreux événements de notre vie sont voulus, à commencer par notre naissance et la famille dans laquelle nous sommes nés. Une personne naît dans une famille où les circonstances sont favorables pour faire face à son destin et où il y a une quantité importante de donner et de recevoir avec chaque membre de la famille.

Selon la loi du karma, chaque bonne action génère un « mérite », tandis que chaque mauvaise action génère une « démérite » ou un « péché ». Par conséquent, une personne recueille les effets de ces actions.

Outre la gratitude de base de la personne, chaque fois qu'une personne fait une bonne action envers une autre personne, elle est assurée d'avoir un résultat positif (sous forme de bonheur) !

Chaque fois que quelqu'un fait quelque chose de mal, il y aura inévitablement une réponse négative sous forme de douleur. Elle ne peut être éliminée par un simple « Pardon » !

La loi du karma est incassable. Un peu comme la troisième loi du mouvement de Newton, qui dit : "Il y a une réaction égale et opposée à chaque action."

Tout au long de notre vie, nous réglons un ancien compte ou nous en ouvrons un nouveau. Si ce compte ne peut être réglé dans cette vie, il le sera dans la suivante. Nous ne sommes pas conscients des concessions réciproques qui ont été faites dans nos vies antérieures.

De plus, le statut de notre relation et le sexe d'une personne peuvent changer au cours de sa vie. Ainsi, le père d'une personne dans une vie peut donner naissance à la fois à sa fille et à elle-même dans la suivante.

Selon la spiritualité et la loi du karma, la majorité des personnes de notre famille sont des personnes avec lesquelles nous avons eu des expériences positives ou négatives dans des vies antérieures. La raison en est que pour éprouver du plaisir ou de la douleur, il faut être à proximité d'autres personnes.

On peut donc voir comment la Spiritualité peut être utile à ceux qui n'ont absolument aucune inspiration spirituelle et qui veulent seulement poursuivre un chemin matériel. Malgré tout, nos relations dans ce monde doivent être isolées du destin pour être fructueuses.

# Problèmes ancestraux

Parfois, nous sommes confrontés à des problèmes qui s'aggravent, et malgré tous nos efforts, rien ne s'améliore. Il est triste de constater que la famille dans son ensemble souffre, un nuage sombre planant sur eux tous. Cette souffrance comprend des problèmes tels que les discordes conjugales, les dépendances, les relations fictives, les querelles familiales et les difficultés financières.

Nous sommes désespérés et nous essayons de toutes nos forces de surmonter ces problèmes, mais nous n'y parvenons pas car la racine de ce type de problème se trouve dans le domaine spirituel. Ces problèmes ont été provoqués par nos ancêtres décédés.

Ces problèmes ancestraux nous sont transmis en tant que descendants afin que nous puissions être informés et les aider dans leur vie après la mort. Le fait que tous les membres de la famille partagent les mêmes ancêtres est l'une des raisons pour lesquelles ils sont affectés.

Il s'agit d'un cri d'espoir de la part de nos ancêtres décédés, car ils ont encore l'apparence de corps ou d'esprits subtils et sont incapables de s'engager dans une pratique spirituelle après la mort.

Pour soulager la détresse de nos ancêtres et donner un coup de pouce à leur esprit dans l'au-delà, nous pouvons accomplir quelques actes quotidiens très simples.

Selon la science de la Spiritualité, 30 % de nos problèmes sont causés par une combinaison de facteurs spirituels, physiques ou psychologiques, et 50 % de nos problèmes sont causés par des facteurs spirituels. La science moderne ne le sait pas.

La douleur causée au descendant par les corps subtils des ancêtres décédés est l'une des causes fondamentales des problèmes de notre vie. C'est aussi l'un des facteurs spirituels les plus répandus, qui influence d'une manière ou d'une autre toute l'humanité. Avant de fournir une justification approfondie, examinons d'abord les types de problèmes provoqués par les ancêtres décédés.

- Incapacité à se marier

- Problèmes relationnels

- Dépendances (environ 70 % des dépendances sont provoquées par des parents décédés).

- Avoir des trous de mémoire tout au long d'un examen malgré une préparation minutieuse.

- Difficulté à avoir un enfant à cause du travail.

- Fausse couche

- Avoir un enfant handicapé mental ou un enfant ayant des besoins particuliers.

- Décès pendant l'enfance

La mort par suicide, les décès pendant l'enfance, etc. surviennent lorsque la douleur provoquée par la perte des ancêtres est combinée à d'autres causes spirituelles importantes, comme la possibilité de mourir. Il est très probable que le problème ne soit pas uniquement lié à l'ascendance. Même si ces types de problèmes peuvent fortement suggérer des problèmes avec les ancêtres d'en haut, seul un saint ou un gourou (un guide très avancé spirituellement) peut identifier avec certitude la racine précise du problème.

Il est possible d'utiliser la méthode empirique pour déterminer si la racine de cette souffrance est spirituelle à un niveau intellectuel :

- Le problème devrait être facilement traitable par les sciences modernes comme une éruption cutanée, une maladie pituitaire, etc., cependant tous les remèdes pour essayer de résoudre le problème ont échoué.

- Comme tous les membres d'une famille ont les mêmes ancêtres, plusieurs membres d'une même famille peuvent connaître en même temps l'un des problèmes énumérés ci-dessus.

# Culte et vénération des ancêtres

Le culte des morts, également connu sous le nom de vénération des ancêtres, est pratiqué de différentes manières dans le monde entier. Il existe de nombreux types de coutumes et de rituels différents ; dans certaines cultures, les ancêtres sont vénérés comme des divinités.

La renaissance des morts et le culte des morts offrent des perspectives spirituelles pour diverses croyances et coutumes, allant du simple respect à la renaissance des morts et au culte des morts, afin que les gens puissent prendre des décisions éclairées sur la façon dont ils doivent traiter leurs proches décédés, tant de leur propre point de vue que de celui du défunt.

***Incidence significative sur la vénération des ancêtres et le culte des ancêtres***

- **La protection** : Il apparaît que les ancêtres disparus ont un pouvoir considérable, possédant des capacités uniques pour contrôler le bien-être des membres vivants de la famille ou pour influencer le cours des événements. Ils assurent la sécurité de la famille, car le maintien de l'unité est l'une des principales préoccupations des ancêtres disparus. Les personnes encore en vie peuvent considérer leurs ancêtres décédés comme des « gardiens d'anges » qui les protégeront des accidents graves ou les orienteront dans la bonne direction dans la vie.

- **Intervention** : Parfois, on pense que les ancêtres décédés servaient d'intermédiaire entre Dieu (ou les Divinités) et la famille qu'ils ont laissée derrière eux. On croit qu'ils prient Dieu, les saints et les divins pour le bien de la famille.

- **Révérence et crainte** : Dans certaines cultures, l'attitude de la progéniture envers les ancêtres décédés combine à la fois crainte et respect. On croit que si on les néglige, qu'on ne les vénère pas et qu'on ne les aime pas lorsqu'ils décèdent, nos ancêtres peuvent nous nuire physiquement et émotionnellement.

- **Communication de l'au-delà** : Les ancêtres décédés ont la capacité de communiquer avec les personnes vivantes à travers les rêves et en possédant leur progéniture.

- **Guide pour les décisions importantes de la vie** : Afin de recevoir des conseils et d'être aidés à prendre des décisions importantes, les descendants contactent parfois leurs ancêtres par le biais de séances de médiumnité, de planches Ouija et d'autres pratiques spirituelles.

Il faut généralement une à trois générations pour qu'un ancêtre disparu se sépare de sa vie antérieure sur Terre. Une génération peut durer environ 30 ans. En d'autres termes, les générations qui correspondent aux parents et remontent jusqu'aux grands-parents ont un impact plus important sur les gens.

Les souffrances que nous devons endurer dans les régions subtiles en raison de nos actes et de notre comportement inapproprié sur le plan terrestre déterminent, entre autres, cette période. Lorsqu'ils éprouvent ces souffrances, les ancêtres décédés sont conscients de l'aspect de leur existence sur Terre qui est à l'origine de cette souffrance.

Leur attachement continu à leur ancienne existence terrestre influencera inévitablement la vie de leur progéniture à ce moment-là.

Les êtres spirituellement avancés qui résident dans les régions les plus élevées de l'univers, comme Maharlok, Janolok, etc., et qui peuvent réellement changer les choses pour leur progéniture sur le plan terrestre, sont connus sous le nom de corps subtils.

Ces corps subtils ont un niveau spirituel supérieur à 60% (Samashti) ou 70% (Vyashti). Cependant, dans la pratique, malgré ces êtres hautement évolués, ils ne reçoivent pas d'aide matérielle. Et ce, pour deux raisons :

- Tout d'abord, seulement 0,01% de nos ancêtres décédés sont entrés dans ces régions supérieures de l'univers car ils devaient avoir un niveau spirituel d'au moins 60% (samashti) ou 70%. (vyashti).

- Ensuite, même si notre ancêtre décédé avait un haut niveau de Spiritualité, recevoir une aide matérielle ne l'aurait pas motivé. En tant que personne ayant évolué, son seul objectif est de se développer spirituellement. Par conséquent, tout acte de service aux autres serait fait avec l'intention d'aider à leur développement spirituel. Ils commencent également à s'éloigner des membres de leur famille. Ils veulent élargir leur vision afin de soutenir le développement spirituel de toute l'humanité, c'est pourquoi ils font cela.

Les corps subtils qui vivent dans les régions inférieure et supérieure du Paradis sont suffisamment avancés spirituellement. Cependant, lorsqu'ils se trouvent dans cette zone subtile du Paradis, ils ont tendance à se préoccuper davantage de s'amuser et de découvrir les récompenses de leurs travaux sur Terre.

Cela explique pourquoi ils n'ont qu'occasionnellement des descendants dans la région terrestre. De plus, ils ont moins de pouvoir spirituel et, lorsqu'ils aident leur progéniture, ils le font pour des problèmes mondiaux plus simples à résoudre. Seulement 1% de tous les ancêtres perdus provenaient de la région subtile du Paradis.

La plupart de nos ancêtres venaient des régions subtiles qui correspondent à la région des Néants et aux première et deuxième régions de l'enfer. Ici, l'atmosphère est assez oppressante. Les corps des défunts de ces régions connaissent principalement une détresse due à un manque de pratique spirituelle et à divers attachements et désirs non résolus.

La plupart du temps, ces ancêtres perdus veulent perturber leurs descendants.

Si l'on reçoit de l'aide des ancêtres, c'est parce qu'il y a un fort désir d'aider. En général, il s'agit de questions mineures comme trouver un emploi, etc. Cependant, si un descendant sur Terre doit passer par une certaine épreuve parce qu'il doit faire face à un destin qui va de légèrement désagréable à extrêmement dur, il est difficile de modifier ce résultat à moins que le descendant ne s'engage dans une pratique spirituelle par lui-même.

Les descendants de ceux qui voyagent dans les régions inférieures de l'enfer ne sont généralement jamais aidés que lorsqu'ils sont en grande détresse.

Les ancêtres ne sont presque jamais capables d'exercer une influence durable sur les événements qui se produisent sur un autre plan de réalité, comme la région terrienne.

Parfois, un niveau supérieur d'énergie négative sert de force qui nous permet de réaliser les souhaits de nos ancêtres décédés. Les énergies négatives d'un niveau supérieur aident ces corps subtils en leur donnant de l'énergie afin d'établir avec eux un compte mutuel de concessions pour les amener sous leur contrôle.

# Signification spirituelle des éclipses solaire et lunaire

Une éclipse est un phénomène astronomique qui se produit lorsqu'un objet céleste se déplace dans l'ombre d'un autre. Le mot est plus fréquemment utilisé pour désigner soit une éclipse solaire, qui se produit lorsque l'ombre de la lune traverse la surface de la Terre, soit une éclipse lunaire, qui se produit lorsque la lune traverse l'ombre de la Terre.

Les éclipses solaires sont des événements spirituels importants. Raja-Tama a augmenté, ce qui a des effets négatifs sur l'humanité. L'augmentation de Raja-Tama est exploitée par les fantasmes pour provoquer une variété de problèmes qui ont des effets négatifs sur le monde entier. Une pratique spirituelle régulière garantit que nous sommes protégés de ces effets subtils et néfastes.

Chaque année, nous assistons à un nombre déterminé d'éclipses solaires et lunaires partielles ou totales. La visibilité d'une éclipse donnée est généralement limitée à une certaine zone géographique sur la Terre.

Nous avons également pu déterminer s'il existe une signification spirituelle subtile ou immature, car la communauté dans son ensemble montre beaucoup d'intérêt pour les observations d'éclipses. Afin de comprendre la signification spirituelle et l'impact des éclipses sur l'humanité, nous avons mené un projet de recherche spirituelle.

La première conclusion de la recherche spirituelle est qu'il existe d'autres types d'éclipses que les éclipses physiques mentionnées ci-dessus qui sont visibles à nos yeux. Il existe également des éclipses subtiles (immatures).

Ces éclipses subtiles sont causées par de puissants fantasmes (démons, diables, énergies négatives, etc.) connus sous le nom de sorciers subtils (mntriks) dans les cinquième et septième régions du monde souterrain et ne sont visibles que par ceux qui ont un sixième sens avancé et actif.

Les fantasmes forts produisent des éclipses subtiles en érigeant une barrière d'énergie négative sombre entre la Terre et le soleil physique, ou entre le soleil subtil et la Terre.

Chaque corps céleste que nous pouvons voir, comme la Terre ou le Soleil, possède également un corps subtil. Cela est évident dans le corps subtil humain qui enveloppe le corps physique.

Le Dieu Solaire gouverne à la fois le soleil physique et le soleil subtil. La partie de Dieu connue sous le nom de Dieu Solaire est en charge du fonctionnement de tous les soleils et autres étoiles de l'univers.

La manifestation originelle du Dieu Solaire n'est pas présente. Le Dieu Solaire se manifeste à travers l'idée de la Foi Cosmique Absolue (Tjtattva) et se matérialise comme le Soleil que nous voyons dans le ciel, le feu, et la flamme sur Terre. Étant donné que l'un des rôles principaux du dieu-soleil dans l'univers est de fournir la lumière et la luminosité à tous les êtres vivants, tous les êtres vivants dépendent du soleil.

Il existe également des éclipses subtiles de lune, bien qu'elles aient un effet beaucoup plus faible sur l'univers que l'éclipse de soleil.

Les puissants sorciers subtils interfèrent avec la fonction du soleil en érigeant une barrière entre lui et la terre lors d'une éclipse subtile, ce qui accentue le Raja-Tama sur terre.

70% du total des éclipses qui se sont produites sont des éclipses subtiles, tandis que 30% sont des éclipses physiques. Les meilleurs astronomes compris, l'humanité ne compte que pour 30% des éclipses physiques. L'humanité est donc totalement ignorante des éclipses subtiles.

Seuls ceux qui ont un sixième sens avancé et actif, ainsi qu'un niveau spirituel supérieur à 50%, peuvent détecter la présence et les effets subtils d'une éclipse subtile. Un individu ordinaire ne peut pas percevoir les effets subtils et intangibles d'une éclipse subtile.

Les effets négatifs d'une éclipse subtile sur l'humanité sont neuf fois plus puissants que ceux d'une éclipse solaire ou lunaire physiquement normale.

Les recherches spirituelles ont montré que pendant toutes les éclipses, la composante Raja-Tama augmente tandis que la composante Sattva diminue. Cette augmentation de Raja-Tama a de nombreux effets négatifs indirects à un niveau subtil (intangible) qui peuvent ne pas être apparents au niveau physique. Cependant, ces situations chargées de Raja-Tama sont utilisées par les énergies négatives pour détruire la société.

En raison de l'obscurcissement du Soleil par une barrière subtile devant le Soleil, qu'elle soit subtile ou brutale, lors d'une éclipse, il y a deux conséquences spirituelles importantes :

- Les conditions sont réunies pour que les énergies négatives accumulent l'énergie noire. La principale arme offensive des fantasmes est connue sous le nom « d'énergie noire », qui est une forme d'énergie spirituelle.

- Les conditions sont meilleures pour que les énergies négatives utilisent leur énergie noire pour détruire l'humanité pendant l'éclipse et répandre les graines de la dévastation dans le monde entier.

### L'impact subtil d'une éclipse au niveau individuel

Les gens sont plus susceptibles d'être affectés par leurs proches décédés pendant une éclipse. Les problèmes sont fréquemment provoqués par les ancêtres décédés dans la vie de leurs descendants. Les ancêtres décédés bénéficient de l'excès de Raja-Tama et de l'énergie noire montante créée par les fantasmes pendant les éclipses.

C'est la raison pour laquelle les gens peuvent avoir des symptômes physiques comme la diarrhée, la lassitude, tomber malade, etc. Si une personne s'engage dans une pratique spirituelle, il y a un excès de pensées émotionnellement chargées et négatives, en particulier au sujet de cette pratique. La lune est connue pour avoir un impact sur l'esprit. Pendant une pleine lune, l'effet est audible.

Ce phénomène est particulièrement visible lors des éclipses lunaires. Par conséquent, la combinaison d'une éclipse lunaire et de la pleine lune est extrêmement dangereuse. Toutefois, l'immaturité atteint un niveau plus subtil lorsqu'il s'agit de ceux qui présentent divers symptômes provoqués par des énergies négatives.

La capacité à prendre des décisions a généralement diminué, et comme le QI est également affecté, les gens sont plus susceptibles de prendre de mauvaises décisions.

### L'impact subtil d'une éclipse au niveau de l'humanité

Comme mentionné précédemment, les fantômes utilisent l'excès d'énergie Raja-Tama produit par une éclipse pour rassembler de l'énergie sombre. Ils utilisent cette énergie sombre de plusieurs façons pour détruire l'humanité.

Ils le font en semant des graines de destruction et de subtils dégâts matériels immatures qui ne deviennent visibles sur le plan physique qu'après une période de gestation. Cette période de gestation peut aller de quelques jours à plusieurs années.

Il s'agit par exemple d'éliminer les restes de grains de la troisième guerre mondiale ou les restes de pandémies de maladies infectieuses comme la grippe aviaire et le virus Ebola.

Les éclipses apportent une contribution significative en créant des conditions favorables au rassemblement de l'énergie sombre que possèdent les fantasmes. Les fantasmes de niveau supérieur seront le principal catalyseur à un niveau immature de la troisième guerre mondiale. Ils orchestreront ces événements en utilisant l'énergie noire pour persuader l'homme de faire la guerre à ses homologues. Jusqu'à 30 % de leur énergie noire totale est captée pendant les éclipses.

### Pratiques à faire pour empêcher ou minimiser l'effet négatif d'une éclipse

Il y a une quantité importante d'énergie sombre qui se répand dans l'environnement pendant une éclipse solaire ou lunaire, augmentant le Raja-Tama. Même si nous n'avons pas le sixième sens pour le percevoir, il est préférable que nous modifiions notre comportement pendant les éclipses pour contrer les effets négatifs subtils (immatures).

Faire une pratique spirituelle peut aider à compenser les effets d'un environnement qui a plus de Raja-Tama et d'énergie sombre à cause d'une éclipse. Par conséquent, si une personne s'engage dans une pratique spirituelle ciblée pendant une éclipse, conformément aux six principes fondamentaux de la pratique spirituelle :

- L'impact spirituel négatif de l'éclipse sera minimal, seulement 20%.

- Grâce à l'amélioration du Raja-Tama, une personne peut recevoir jusqu'à 50 % d'énergie supplémentaire.

Par conséquent, ceux qui font l'effort de s'engager dans une pratique spirituelle concentrée pendant une éclipse connaîtront une augmentation de leur bien-être spirituel allant jusqu'à 30 %.

### Pratiques à ne pas faire pour empêcher ou minimiser l'effet négatif d'une éclipse

- **Ne pas prendre de décisions critiques ou d'actions importantes** : Chaque action et chaque pensée s'inscrit dans le cadre des composantes fondamentales subtiles, qu'elles soient sttvik, rjasik, tmasik, ou une combinaison des trois, comme rjasik, tmasik. Toutes les actions positives et constructives sont principalement sttvik ou rjasik, -sttvik. En raison du fait que plusieurs fréquences de Raja-Tama sont transmises pendant une éclipse, même les bonnes actions pendant cette période peuvent avoir des effets défavorables. Par conséquent, il est conseillé de reporter tous les événements importants comme les inaugurations et les décisions cruciales pendant l'éclipse.

- **Réduire les activités** : Évitez les activités comme dormir, aller aux toilettes, manger et avoir des relations sexuelles, car elles sont répandues dans Raja-Tama et nous rendent plus susceptibles d'être influencés par les énergies négatives et les ancêtres.

- **Eviter de manger** : Pendant une éclipse, la quantité de Raja-Tama dans l'atmosphère augmente, ce qui a un impact sur la nourriture et le processus digestif. Par conséquent, il est conseillé de ne pas manger pendant l'éclipse. La durée de l'absence de repas dépend du type d'éclipse. Cela est dû au fait que la quantité de lumière solaire atteignant la Terre dépend du pourcentage du soleil ou de la lune qui est couvert par une éclipse.

Si la lune est éclipsée pendant l'éclipse lunaire, les 12 heures précédentes doivent être passées à jeûner. En outre, la période de jeûne doit commencer 12 heures plus tôt si le soleil se trouve dans une éclipse quelconque. Cela est dû au fait que divers processus subtils commencent à fonctionner environ 12 heures avant une éclipse.

Si le soleil ou la lune est en éclipse, il ne faut prendre le repas que le lendemain après avoir pris un bain. Seules 4 heures et 10 minutes de ce temps peuvent être observées par les jeunes enfants, les personnes âgées et les malades.

# L'effet de la lune sur l'homme

De nombreux rapports scientifiques pour et contre l'influence de la lune sur le comportement humain ont été publiés au fil des ans. Ces rapports font état d'une augmentation de l'activité mentale, d'une augmentation du nombre de personnes faisant appel aux services d'urgence généraux ou de santé mentale, et de personnes en détresse physique et mentale.

Les résultats de notre enquête spirituelle sur l'influence de la lune sur le comportement humain donnent lieu à une brève réponse. Oui, il y a des effets.

### L'effet immatériel de la lune

Toute matière, y compris les étoiles, les planètes et les corps dispersés, ainsi que leurs attributs (tangibles), émanent de fréquences subtiles (immatures). Ces caractéristiques physiques et les effets des fréquences subtiles nous touchent à des degrés divers sur le plan physique et subtil.

Les fréquences qui proviennent de la lune ont un impact sur les fréquences de l'esprit, ou l'esprit humain. Par "esprit", nous entendons nos sentiments, nos émotions et nos désirs.

Le conscient et le subconscient constituent l'esprit. Notre essence fondamentale et notre personnalité sont déterminées par une variété d'impressions qui sont stockées dans le subconscient. Cependant, nous ne sommes pas conscients des pensées ou des impressions que nous avons dans notre subconscient. Ces impressions ont été recueillies au cours de nombreuses vies. Ces images mentales servent de catalyseur à toutes nos pensées et actions ultérieures. Les fréquences subtiles de nos pensées et de nos impressions leur sont propres.

Les fréquences subtiles de la lune sont légèrement plus subtiles (intangibles) que les fréquences subtiles de nos pensées, mais elles sont moins subtiles que les fréquences subtiles des perceptions dans notre esprit. Les fréquences lunaires ont le pouvoir de faire remonter à la surface les fréquences de pensée des impressions qui sont cachées dans notre subconscient. Une fois qu'elles deviennent conscientes, on prend conscience de ces pensées. De cette façon, nous sommes influencés par les pensées et les sentiments qui dominent notre esprit.

La lune a également un impact sur les esprits des animaux. Cependant, étant donné que le subconscient d'un animal ne connaît que des désirs fondamentaux comme la faim, le sexe et le sommeil, le processus de pensée développé n'est lié qu'à ces instincts.

### *Phase de la lune*

L'obscurité émane des fréquences prédominantes de Raja-Tama le jour de la nouvelle lune, qui est marqué par un côté sombre de la lune qui fait face à la terre. Ainsi, davantage de fréquences de bases subtiles avec une prédominance de Raja- Tama sont transmises à la terre par rapport à la face éclairée qui lui fait face.

En revanche, le jour de la pleine lune, le Raja-Tama diminue en raison d'une augmentation de l'illumination. Le jour de la pleine lune est différent car les fréquences lunaires sont plus actives. Le niveau d'activité le plus élevé peut aller d'une pensée aléatoire extrêmement élevée à un niveau extrêmement élevé d'activité mentale associée à une pensée particulière, selon le type d'impressions subconscientes qui sont activées.

Par exemple, une personne qui écrit et qui est concentrée sur le livre qu'elle écrit est plus susceptible d'avoir des pensées très élevées sur le livre qu'elle écrit en matière de créativité et de style d'écriture. Ce type de pensées provient du centre de talent situé dans le subconscient. Elle peut donc être capable d'écrire abondamment un jour de pleine lune.

Cependant, pour la plupart des gens, les pensées sont aléatoires. S'il y a un nombre dominant de défauts de personnalité tels que la haine, la cupidité, etc. alors ils feront surface et domineront nos pensées pendant cette période. Par exemple, un alcoolique aura plus de pensées de besoin de boire de l'alcool pendant cette journée.

Il est également possible d'éveiller des pensées spirituelles qui dormaient dans le subconscient d'une personne en profitant d'une forte activité mentale et en intensifiant une pratique spirituelle le jour de la pleine lune.

### *L'attraction de la gravitation de la lune*

Lorsque la lune est pleine ou nouvelle, l'attraction gravitationnelle du soleil et de la lune se combinent. La lune exerce également une attraction sur la terre les autres jours, mais elle n'est pas aussi forte que les jours de pleine lune et de nouvelle lune.

Si nous prenons une profonde inspiration, la quantité d'air que nous avons dans la bouche est trois fois plus importante que lors d'une respiration normale.

La Terre est complètement enveloppée par la lune pendant la pleine lune et la nouvelle lune, ce qui crée un effet analogue à celui de la lune qui prend une grande respiration. Il est clair que l'atmosphère qui tourne autour de la Terre est trois fois plus grande que la lune et qu'elle est attirée par elle.

Les éléments cosmiques absolus de la Terre, tels que la Terre absolue, l'Eau absolue et l'Air absolu, sont attirés vers la lune pendant les pleines et nouvelles lunes. Il en résulte une ceinture très subtile à haute pression.

Dans ce processus, l'eau est attirée vers la lune au lieu de s'en éloigner, ce qui fait que les constituants gazeux de l'eau (vapeur d'eau) s'élèvent au-dessus du liquide et entrent dans une fine couche à haute pression.

Comme les énergies négatives dominent sous la forme de la force gravitationnelle, elles sont attirées par cet anneau subtil à haute pression. Là, elles s'unissent et se renforcent grâce à la force de la masse. En conséquence, elles attaquent l'humanité à grande échelle ces derniers temps. Cela a pour effet de rendre les attaques fantaisistes sur les humains plus puissantes que trois fois, à la fois physiquement et mentalement.

Pendant les jours de pleine lune et de nouvelle lune, il y a eu plus d'attaques d'énergies négatives et de pressions négatives subtiles observées partout dans le monde. Cela commence deux jours avant la pleine ou la nouvelle lune et se termine deux jours plus tard.

### *Effets de la pleine lune et de la nouvelle lune*

La nouvelle lune, l'une des quatre phases de la lune en fonction de son positionnement face au soleil, se produit lorsque la lune est positionnée entre la terre et le soleil. Ainsi, sa face visible depuis la terre n'est pas du tout illuminée par le soleil. Elle est alors difficilement observable à l'œil nu mais est une phase intéressante à l'observation astronomique, car la lumière de la lune nuit à l'observation du ciel. Le retour à cette même phase de la lune (période synodique qui correspond à la durée entre deux phases identiques consécutives de la Lune) se produit environ tous les 29 jours et 12 heures.

La Pleine Lune est une phase lunaire qui se produit quand le Soleil, la Terre et la Lune sont approximativement alignés (lorsque cet alignement est parfait on assiste alors à une éclipse de Lune). Cela signifie qu'à cette date la Lune se lève lorsque le Soleil se couche et qu'elle se couche le lendemain quand le Soleil se lève. La face présentée par la Lune est complètement éclairée, d'où le nom de Pleine Lune.

Le Raja-Tama des Fantasmes (démons, diables, énergies négatives, etc.) est actif pendant les jours de la Nouvelle Lune. Les gens accomplissent des rituels occultes, et ceux qui ont les traits rjasik et tmasik sont fortement influencés et reçoivent des énergies sombres pour leurs activités Raja-Tama.

Il est considéré comme un jour défavorable à toute activité constructive car il est un jour propice à une activité négative. Comme le Raja-Tama de la lune affecte l'esprit, les incidences des tendances Raja-Tama comme le suicide, le meurtre et la possession par un fantôme sont plus fréquentes pendant la nouvelle lune.

La nuit de la nouvelle lune présente une opportunité pour les esprits d'infliger la détresse de l'homme, surtout pendant la nuit car la purification naturelle par l'absolu Feu cosmique à travers le soleil fait défaut.

Par rapport aux autres nuits, la nuit de la pleine lune est celle qui transmet le moins de raja-tama de base subtile. Cela est dû au fait que la face éclairée de la lune est tournée vers la terre. Par conséquent, pendant cette nuit, l'énergie Raja-Tama est au plus bas et est disponible pour les personnes surnaturelles, les individus à prédominance Raja-Tama et ceux qui s'adonnent à des rituels occultes.

En revanche, le jour de la pleine lune, les énergies négatives, etc., bénéficient de l'effet de la force gravitationnelle et provoquent une détresse croissante.

Des recherches spirituelles ont montré qu'il existe des différences subtiles entre l'impact de la nouvelle lune et de la pleine lune sur une personne. En général, le jour de la nouvelle lune a un effet plus déprimant sur les gens que la pleine lune.

Les effets négatifs de la pleine lune sont plus graves sur le corps physique que sur l'esprit. L'effet de la pleine lune est plus perceptible alors que l'effet de la nouvelle lune est plus vaporeux (subtil). Le fait que personne ne puisse voir les effets de la nouvelle lune les rend encore plus dangereux. De ce fait, aucune action n'est entreprise pour surmonter la détresse car personne n'en est conscient.

Les effets de la nouvelle lune sont moins perceptibles pour nous entre elle et la pleine lune. Cependant, l'impact négatif est plus important le jour de la nouvelle lune. La raison en est que, contrairement à la pleine lune, lorsque l'on est conscient de la croissance de l'activité de la pensée, l'effet de la nouvelle lune sur une personne est plus atténué.

La majorité des aspirants spirituels qui pratiquent beaucoup plus que les six principes fondamentaux de la pratique spirituelle sont de type sattvik. Par conséquent, contrairement à un individu typique qui est principalement Raja-Tama lui-même, ils sont plus sensibles aux changements de Raja-Tama dans l'environnement. L'avantage est que les chercheurs spirituels de Dieu sont plus préparés à entrer dans la protection de Dieu par rapport aux énergies négatives.

Des études médicales et phycologiques récentes ont fait état de l'influence de la lune sur le comportement humain. Cependant, les études menées ces dernières années n'ont pas permis de contrecarrer cet effet. La cause en est qu'il y a eu une augmentation générale et sans précédent de Raja-Tama dans le monde entier au cours des dernières décennies. Cet excès de Raja-Tama a été principalement orchestré par des énergies négatives.

Cette augmentation générale des composantes Raja et Tama s'est fortement développée et a un impact sur chaque élément de la vie. Les problèmes suivants sont présents : une augmentation des problèmes de santé mentale personnelle, une hausse des conflits familiaux, le terrorisme et les catastrophes naturelles. Par conséquent, les problèmes susmentionnés aggravent généralement les comportements erratiques au fil des mois ; pourtant, l'impact supplémentaire des nouvelles et pleines lunes passe inaperçu dans les études statistiques.


### Se protéger de ces effets néfastes

Seuls des remèdes spirituels ou une pratique spirituelle peuvent nous aider à nous défendre car les effets négatifs de la nouvelle et de la pleine lune sont dus à des raisons spirituelles.

Sur le plan matériel, il vaut mieux éviter de prendre des décisions importantes, d'acheter ou de vendre pendant ces jours car les esprits peuvent intervenir par ces moyens. Au contraire, il est crucial d'intensifier la pratique spirituelle 2 jours avant et 2 jours après la nouvelle lune ou la pleine lune. Il est également bénéfique de répéter le nom de Dieu en relation avec votre religion.

Les fréquences subtiles de base Raja-Tama qui émanent de la lune augmentent progressivement tout au long du déclin de la lune, ou de la période entre la pleine lune et la nouvelle lune. Cela se produit lorsque la taille de la lune diminue progressivement. Cela s'explique par le fait que la noirceur de la surface de la lune s'assombrit progressivement. Afin de nous prémunir contre les effets négatifs de ce renforcement du Raja-Tama, il est crucial que nous intensifiions notre pratique spirituelle pendant cette période.

Nous devons essayer de stabiliser le travail que nous avons effectué les jours précédents pendant que la lune traverse sa phase de croissance. Pendant la prochaine phase décroissante de la lune, nous pourrons poursuivre nos efforts et améliorer notre pratique spirituelle.

## Le mauvais œil

De nombreuses civilisations à travers le monde ont la croyance qu'une pensée négative ou un regard cynique a le pouvoir de nuire à quelqu'un, que cela prenne la forme d'une maladie, d'une blessure ou même de la mort.

Le terme "mauvais œil" fait référence à l'expérience d'être affecté par les vibrations Raja-Tama d'une autre personne. Quelqu'un d'autre peut nous accuser de méfaits, que ce soit intentionnellement ou non.

Dans le monde matérialiste et compétitif d'aujourd'hui, la majorité des gens souffrent de défauts de personnalité et de vices tels que la jalousie, la haine et la convoitise, entre autres. Ces vices ont un impact spirituel néfaste sur nous car ils génèrent des vibrations Raja-Tama.

C'est ce qu'on appelle souvent être affecté par un mauvais présage. La détresse que l'on ressent lorsqu'on est affecté ou possédé par des énergies négatives est une autre condition provoquée par le mauvais œil.

Beaucoup de gens pensent que le mauvais œil est une pure superstition et qu'il s'agit d'un phénomène sans aucune justification rationnelle, mais ils sont incapables de reconnaître ou de comprendre combien de facettes de la dimension spirituelle peuvent nous affecter directement.

Mes recherches sur les différents rituels et méthodes permettant de bannir le mauvais œil m'ont amenée à la conclusion que les personnes sur lesquelles ces rituels étaient pratiqués étaient immédiatement soulagées de divers maux dont elles souffraient et qui ne pouvaient être traités de manière conventionnelle.

### *Mécanismes de l'affliction par le mauvais œil*

Parfois, lorsque les gens voient un enfant qui est en bonne santé et qui s'épanouit, ils peuvent avoir des pensées non exprimées liées au manque. Malgré la domination de ces pensées par Raja-Tama, l'enfant est affecté négativement par son corps subtil et très sensible.

Un autre exemple est celui d'une femme qui porte des vêtements provocants. Les personnes du sexe opposé peuvent penser des choses lascives à son sujet. Lorsque ces pensées surgissent dans l'esprit, elles augmentent Raja-Tama chez la personne qui les a et ont un impact sur la femme concernée ainsi que sur les autres personnes de l'environnement.

Dans certaines circonstances, une personne ou une énergie négative peut avoir des pensées défavorables à l'égard de quelqu'un, de quelque chose ou de n'importe qui, ou bien elle peut éprouver de la suffisance à l'égard de son succès. Les vibrations négatives peuvent avoir un impact sur une personne, un animal ou un objet.

Une femme a raconté que le lendemain d'une compétition de danse où elle avait remporté la première place, elle était tombée malade et avait passé le reste de la journée recroquevillée sur son lit. Sa mère a pratiqué un rituel pour enlever le mauvais œil, et elle s'est rétablie immédiatement.

Comme elle avait gagné le concours, ses concurrentes ont eu des pensées jalouses à son égard, ce qui a eu un impact direct sur elle.

L'expression "magie noire" est utilisée pour décrire un rituel dans lequel certains mantras et outils sont utilisés dans un but précis : faire du mal à une autre personne. Il existe des individus dans la société ainsi que des énergies négatives de niveau supérieur qui accomplissent des rituels comme la magie noire. Parfois, ceux qui pratiquent la magie noire dans la société le font sous l'influence d'énergies négatives.

Lorsqu'une personne est affectée par un mauvais œil causé par quelque chose d'autre que la magie noire, la puissance de l'intention qui le sous-tend peut atteindre jusqu'à 30 %, mais lorsque le mauvais œil est causé par la magie noire, la puissance de l'intention dépasse 30 % et est plus grave.

Les personnes qui sont affectées par des énergies négatives sont touchées par l'énergie noire qui libère ces énergies négatives. C'est une autre façon de dire qu'on leur met le doigt dans l'œil.

Les énergies négatives se concentrent sur les aspirants spirituels de Dieu qui s'engagent dans une pratique spirituelle au profit de la société. Les énergies négatives qui veulent établir une société démoniaque interviennent pour nuire à ces aspirants spirituels pendant qu'ils travaillent à établir une société divine.

Les aspirants spirituels ont accès à la protection céleste malgré les attaques des énergies négatives, et leur pratique spirituelle leur permet de surmonter l'anxiété et les obstacles causés par les énergies négatives.

### *Importance de la pratique spirituelle comme un moyen de protection contre le mauvais œil*

Il existe de nombreuses façons d'éliminer le mauvais œil en utilisant divers produits qui ont la capacité d'absorber les vibrations négatives. Les substances sont ensuite soit brûlées, soit plongées dans l'eau.

Ces méthodes comprennent :

- **Le sel et les graines de moutarde**

- **Sel, graines de moutarde et piment**

- **Noix de coco**

- **L'alun**

Bien que les méthodes susmentionnées soient efficaces pour atténuer les effets d'un mauvais œil, elles ne sont qu'une solution temporaire, et même après s'en être libéré, on peut encore être retouché par celui-ci.

Une pratique spirituelle régulière en accord avec les six principes fondamentaux permet d'imprégner l'environnement d'ondes divines et forme autour de nous un bouclier subtil qui nous protège du mauvais œil.

### *Le sel et les graines de moutarde : Méthode du gros sel et graines de moutarde pour enlever le mauvais œil*

### Étape 1 : La Prière

Après s'être incliné devant le Dieu, la personne sur laquelle le rituel est effectué doit prier : "Que le mauvais œil jeté sur moi (en invoquant son nom) soit enlevé, et que (en invoquant le nom de la personne qui accomplit le rituel) ne soit pas affecté par l'énergie négative."

La personne qui accomplit le rituel doit prier Dieu afin d'éviter d'être affectée par l'énergie négative.

### Étape 2 : Prendre position

Assurez-vous que la personne qui doit subir le rituel à cause de l'énergie négative est assise sur un tabouret en bois ou un siège face à l'est avec les genoux fléchis vers la poitrine. Les paumes doivent faire face vers le haut et doivent être placées sur les genoux.

## Étape 3 : Effectuer le rituel avec du gros sel et des graines de moutarde

L'exécutant du rituel doit faire face à la personne exécutée. Prenez en quantité des graines de moutarde et autant de gros sel que votre main peut contenir et ensuite fermer les poings.

Écartez vos doigts autour de votre corps. Les poings doivent être croisés comme le symbole de la multiplication. La personne concernée doit déplacer les poings de la tête aux pieds dans des directions opposées avant de toucher le sol.

Les mains sont seulement jointes au début. Au début du rituel, il faut séparer les mains et déplacer simultanément le poing droit de la tête au pied dans le sens des aiguilles d'une montre et le poing gauche de la tête au pied dans le sens inverse des aiguilles d'une montre.

Après avoir touché le sol, nous recommençons comme indiqué ci-dessus, en séparant les mains et en déplaçant simultanément le pied droit dans la direction du sablier et le pied gauche dans la direction opposée.

Le texte suivant doit être dit pendant l'exécution du rituel : "*Que le mauvais œil jeté sur lui par les visiteurs, les esprits, les arbres et les passants soit banni, et qu'il soit protégé contre les maladies et le mal.*"

## Étape 4 :

À la fin du rituel, le gros sel et graines de moutarde doivent être vidés dans une poêle chaude ou avec des charbons ardents.

**NB :** La raison de déplacer les poings et de les toucher au sol est la suivante : les vibrations des énergies négatives sont d'abord absorbées par le matériel utilisé dans le rituel, puis elles sont envoyées au sol en déplaçant les poings comme décrit.

Le nombre de mouvements des poings doit être décidé en fonction de l'ampleur de la détresse. En général, les praticiens de la magie noire travaillent par multiples de nombres d'impairs, c'est ainsi que les poings sont déplacés.

### *Sel, graines de moutarde et piment : Méthode du Sel, graines de moutarde et piments pour enlever le mauvais œil*

### Étape 1 : La Prière

Après s'être incliné devant le Dieu, la personne sur laquelle le rituel est effectué doit prier : "Que le mauvais œil jeté sur moi (en invoquant son nom) soit enlevé, et que (en invoquant le nom de la personne qui accomplit le rituel) ne soit pas affecté par l'énergie négative."
La personne qui accomplit le rituel doit prier Dieu afin d'éviter d'être affectée par l'énergie négative.

### Étape 2 : Prendre position

Assurez-vous que la personne qui doit subir le rituel à cause de l'énergie négative est assise sur un tabouret en bois ou un siège face à l'est avec les genoux fléchis vers la poitrine. Les paumes doivent faire face vers le haut et doivent être placées sur les genoux.

### Étape 3 : Effectuer le rituel avec du gros sel et des graines de moutarde

L'exécutant du rituel doit faire face à la personne exécutée. Prenez en quantité des graines de moutarde et autant de gros sel que votre main peut contenir et ensuite fermer les poings. Mettez un piment dans le poing gauche et deux dans le poing droit.

Écartez vos doigts autour de votre corps. Les poings doivent être croisés comme le symbole de la multiplication. La personne concernée doit déplacer les poings de la tête aux pieds dans des directions opposées avant de toucher le sol.

Les mains sont seulement jointes au début. Au début du rituel, il faut séparer les mains et déplacer simultanément le poing droit de la tête au pied dans le sens des aiguilles d'une montre et le poing gauche de la tête au pied dans le sens inverse des aiguilles d'une montre.

Après avoir touché le sol, nous recommençons comme indiqué ci-dessus, en séparant les mains et en déplaçant simultanément le pied droit dans la direction du sablier et le pied gauche dans la direction opposée.

Le texte suivant doit être dit pendant l'exécution du rituel : "*Que le mauvais œil jeté sur lui par les visiteurs, les esprits, les arbres et les passants soit banni, et qu'il soit protégé contre les maladies et le mal.*"

### Étape 4 :

À la fin du rituel, le gros sel et graines de moutarde doivent être vidés dans une poêle chaude ou avec des charbons ardents.

**NB :** La raison de déplacer les poings et de les toucher au sol est la suivante : les vibrations des énergies négatives sont d'abord absorbées par le matériel utilisé dans le rituel, puis elles sont envoyées au sol en déplaçant les poings comme décrit.

Le nombre de mouvements des poings doit être décidé en fonction de l'ampleur de la détresse. En général, les praticiens de la magie noire travaillent par multiples de nombres d'impairs, c'est ainsi que les poings sont déplacés.


### *Noix de coco : Méthode pour effectuer le rituel de la noix de coco pour chasser le mauvais œil*

### Étape 1 : La Prière

Après avoir donné l'obéissance à Dieu, la personne effectuant le rituel doit prier comme suit : "Dieu, que la détresse de (le nom complet de la personne) soit absorbée par la pointe de cette noix de coco et ne l'affecte pas" (le nom complet de la personne effectuant le rituel). Veuillez utiliser la pointe de cette noix de coco pour absorber et détruire toute l'énergie sombre qui se trouve en moi.

Pour s'assurer que le rituel est efficace, l'exécutant doit prier Dieu pour éviter d'être affecté par une énergie négative.

## Étape 2 : Le rituel

La personne qui doit faire le rituel et qui est affectée par l'énergie négative doit être assise sur une plate-forme basse en bois ou sur une chaise, face à l'est, les doigts tournés vers l'extérieur. Les paumes doivent être placées sur les genoux avec leur face vers le haut.

Le ritualiste doit tenir la noix de coco en forme de coupe dans ses mains et la présenter au destinataire. La queue de la noix de coco doit être tournée vers la personne qui doit la regarder et continuer à répéter le nom.

La noix de coco doit être déplacée trois fois en cercle toutes les heures, des pieds de la personne affectée à sa tête. Ensuite, l'exécutant du rituel doit faire trois fois le tour de la personne affectée, toutes les heures.

Pendant tout ce temps, la noix de coco doit toujours faire face à la personne sur laquelle on effectue le rituel. On peut tourner autour de la personne aidée afin de s'assurer que la file d'attente est toujours tournée vers elle. Les prières mentionnées ci-dessus peuvent être répétées en continu comme décrit.

## Étape 3 : Briser la noix de coco

Après avoir accompli le rituel, il faut briser la noix de coco à l'intersection de trois routes, à l'intérieur d'un temple ou dans tout autre lieu saint en récitant le nom de "Dieu".

Si aucun des lieux mentionnés ci-dessus n'est à proximité, on peut placer la noix de coco n'importe où ou dans la cour arrière.

La noix de coco devient lourde et se brise en morceaux lorsqu'une personne est soumise à une énergie négative, et l'eau de ce fruit éclabousse vers le haut jusqu'à un à deux mètres.

La coque de la noix de coco peut occasionnellement se révéler poreuse.

Parfois, lorsqu'une personne a un problème grave, la noix de coco ne se brise pas même après avoir été frappée durement car, selon la prière précédente, l'énergie négative à l'intérieur ne veut pas être contrée par Dieu.
La noix de coco est éjectée et ne peut être retrouvée si l'énergie négative est très puissante. Ainsi, on peut évaluer la quantité d'énergie négative absorbée par le fruit.

En faisant asseoir tout le monde ensemble pour le rituel, cette technique permet d'attirer le mauvais œil de plusieurs personnes à la fois.

**Étape 4 : casser la noix de cacao**

Après avoir prié Dieu d'éliminer toute énergie négative des noix de coco grillées restantes, il faut les rassembler dans un sac en plastique, le fermer et les jeter à l'extérieur de la maison dans une poubelle.


*L'alun : Méthode pour effectuer le rituel de l'alun pour chasser le mauvais œil*

## Étape 1 : La Prière

Après avoir donné l'obéissance à Dieu, la personne effectuant le rituel doit prier comme suit : "Dieu, que la détresse de (le nom complet de la personne) soit absorbée par la pointe de cette noix de coco et ne l'affecte pas" (le nom complet de la personne effectuant le rituel). Veuillez utiliser la pointe de cette noix de coco pour absorber et détruire toute l'énergie sombre qui se trouve en moi.

Pour s'assurer que le rituel est efficace, l'exécutant doit prier Dieu pour éviter d'être affecté par une énergie négative.

## Étape 2 : Prendre votre position

La personne qui doit faire le rituel et qui est affectée par l'énergie négative doit être assise sur une plate-forme basse en bois ou sur une chaise, face à l'est, les doigts tournés vers l'extérieur. Les paumes doivent être placées sur les genoux avec leur face vers le haut.

## Étape 3 : Exécution du rituel

L'exécutant du rituel doit faire face à la personne qui est exécutée. Prenez un morceau d'alun, de la taille d'une cerise, dans chacune de vos mains.

Étendez vos doigts autour de votre corps. Les poings doivent être croisés comme le symbole de la multiplication.

La personne concernée doit déplacer les poings de sa tête à ses pieds dans des directions opposées avant de toucher le sol.

Les mains sont seulement jointes au début. Au début du rituel, il faut séparer les mains et déplacer simultanément le poing droit de la tête au pied dans le sens des aiguilles d'une montre et le poing gauche de la tête au pied dans le sens inverse des aiguilles d'une montre.

Après avoir touché le sol, nous recommençons comme indiqué ci-dessus, en séparant les mains et en déplaçant simultanément le pied droit dans la direction du sablier et le pied gauche dans la direction opposée.

Ce qui suit doit être prononcé lors de l'exécution du rituel : « *Que le mauvais œil jeté sur lui par les visiteurs, les esprits, les arbres, les passants, place, soit débarrassé et soit-il protégé contre les maladies et les blessures.* »

## Étape 4 : Les résultats montrés après avoir mis l'alun dans une poêle chaude ou charbons ardents

Le contenu des mains doit être brûlé dans une marmite chaude ou avec des charbons abrasifs à la fin du rituel. Si l'alun ne brûle pas pendant plus de quelques secondes sous une forme amorphe sans prendre une forme particulière, il n'y a pas de problème.

Si l'alun ne se forme pas mais continue à brûler pendant longtemps, cela indique que l'énergie négative est très puissante.

Si l'alun prend la forme d'un animal ou d'un oiseau, on peut supposer que le fantôme (démon, diable, énergies négatives, etc.) torture la personne à travers l'animal ou l'oiseau.

L'alun calciné apparaît parfois comme une poupée. Cela signifie que le sorcier a créé une image de la personne et a utilisé la magie noire créée à partir de l'image de cette personne.

Finalement, l'alun prend la forme d'une tête. Cela signifie que des fantasmes de niveau inférieur accompagnés de désirs intenses transforment la personne affectée.

Malgré les avantages de l'alun par rapport aux autres substances, il n'est pas largement utilisé pour les raisons suivantes : Comme le type de fantôme est évident à partir de la forme de l'alun calciné, il y a une plus grande probabilité que la personne qui effectue le rituel soit affectée.

Ce n'est que si cet individu est engagé dans une activité spirituelle et a un niveau de Spiritualité d'au moins 50% qu'il est capable de combattre l'attaque des fantômes. Cela explique pourquoi ce rituel est rarement pratiqué.

### Étape 5 : Élimination des restes

Après avoir prié Dieu de détruire l'énergie négative qu'ils contiennent, les résidus doivent être recueillis dans un sac en plastique et placés dans les toilettes.

# Chapitre 5 : Guérison spirituelle

# Principes de guérison spirituelle

On a découvert au cours des dernières années que 80 % des problèmes que nous rencontrons dans la vie ont une racine spirituelle. Cela signifie que la majorité de ces problèmes peuvent être résolus en combinant des efforts physiques et des remèdes spirituels. Cela explique le rôle essentiel que joue la guérison spirituelle pour nous aider à résoudre les problèmes de la vie.

Prenons un exemple pour comprendre cela. Nous devons manger de manière équilibrée afin de rester en bonne santé. Cependant, lorsque nous sommes malades, nous avons besoin de plus de nutrition en plus de notre alimentation habituelle afin de nous aider à aller mieux. À titre d'illustration, lorsque nous buvons du rhum, nous prenons des suppléments de vitamine C. Ces suppléments s'ajoutent à ce que nous consommons déjà. Cela s'ajoute à ce qui est déjà présent dans notre alimentation.

Pour vivre une vie sans problème, il faut prendre soin de ses besoins physiques, psychologiques et spirituels. La majorité des gens ne se concentrent que sur les facteurs physiques et psychologiques. Sur le plan spirituel, il y a un manque de compréhension et de direction. C'est pourquoi la majorité des gens ne comprennent pas l'importance de s'engager régulièrement dans une pratique spirituelle afin de prendre soin de la composante spirituelle de leur vie.

Ainsi, la pratique spirituelle est ancrée dans nos vies et constitue une composante nécessaire de la vie équilibrée décrite dans l'analogie. Même si les gens désirent s'engager dans une pratique spirituelle, beaucoup d'entre eux ne savent pas quelle pratique adopter ou ont une compréhension limitée des six principes fondamentaux de la pratique spirituelle.

Lorsque les réserves spirituelles des gens sont faibles, ils sont constamment attaqués par des forces spirituellement négatives. Cela conduit une personne à devoir faire face à un plus grand nombre de problèmes dans sa vie quotidienne. À ce stade, une personne doit compléter sa pratique spirituelle par des méthodes de guérison spirituelle supplémentaires.

Il est difficile de décider avec l'aide de l'intellect si une personne doit intensifier sa pratique spirituelle en utilisant des remèdes spirituels supplémentaires. Seuls les saints et les personnes dotées d'une forte perception extrasensorielle ou d'un sixième sens peuvent déterminer avec précision si un remède spirituel de guérison est nécessaire, car eux seuls peuvent déterminer si le problème a une racine spirituelle.

Mais si les circonstances suivantes sont réunies, on peut aussi prendre une décision basée sur l'intelligence :

- Les problèmes qui persistent en dépit de plusieurs efforts.

- Les problèmes persistants ou récurrents sans cause apparente.

- Les problèmes qui touchent simultanément un grand nombre de membres de la famille.

- Les problèmes qui s'aggravent entre les nouvelles et les pleines lunes.

- Les problèmes qui sont au moins partiellement résolus lorsque la personne en question est exposée à un environnement spirituellement édifiant, comme la présence de saints.

Donc en résumé, il est conseillé

- De s'engager régulièrement dans une pratique spirituelle, une forme de thérapie spirituelle.

- D'autres remèdes de guérison spirituelle devraient être ajoutés, en particulier dans les cas où les problèmes liés aux mystères de la vie ou à ce genre de questions persistent malgré toutes les tentatives.

## Comment pouvons-nous interpréter les résultats d'un remède de guérison spirituelle ?

### Sixième sens de l'interprétation de l'effet d'une guérison spirituelle

Il est assez difficile d'interpréter les effets précis d'un remède de guérison spirituelle, à moins d'avoir une conscience extrasensorielle ou un sixième sens très avancé. Il est difficile de comprendre la véritable signification de ce que nous expérimentons lors d'une guérison spirituelle, car nous ne possédons pas de sixième sens. Par exemple, deux personnes qui ont été guéries par des bougies sacrées peuvent avoir vécu des expériences différentes.

Une personne qui fait l'expérience d'un fantôme est angoissée. En réalité, c'est le fantôme qui affecte la personne en détresse car la négativité du fantôme se heurte à la conscience divine (Chaitanya) émanant des cendres sacrées. Elle vit la détresse du fantôme comme étant la sienne puisque la conscience de la personne concernée a fusionné avec celle du fantôme.

En raison des vibrations positives émanant de la Conscience Divine des cendres sacrées, une personne qui n'est pas affectée par les énergies négatives se sent plus légère.

Un autre facteur est que les fantômes d'ordre supérieur ont une plus grande capacité à résister à l'impact de la Conscience Divine, ce qui pourrait donner au traitement une apparence d'inefficacité. De plus, ils peuvent avoir des effets trompeurs qui donnent à la personne une fausse impression de savoir si les choses fonctionnent ou non.

Il y a deux consciences concurrentes en jeu : celle de l'aspirant spirituel et celle du possesseur. La conscience du fantôme devient plus omniprésente au cours d'une manifestation, c'est-à-dire lorsque la possession commence à se manifester ou à se précipiter. Cependant, elle peut différer d'une manifestation à l'autre en fonction de la conscience duelle qui est la plus importante. Seuls ceux qui ont une conscience extrasensorielle très développée ou un sixième sens peuvent dire si une conscience fictive ou une conscience d'aspiration spirituelle est réellement présente.

Par exemple, si quelqu'un se manifeste à 70%, cela signifie que la conscience du fantôme est à 70% et qu'il est en tête, tandis que la conscience de l'aspirant est à 30% et qu'il est en retrait. Dans cet état, l'apparence de la personne change radicalement et elle se comporte anormalement.

Dans ce cas, si nous voyons l'expression du fantôme (qui reste visible sur le visage de l'aspirant), elle aura un air de renoncement ou de coupure des sources chaque fois qu'un stimulus positif, tel que l'introduction de l'image d'une divinité, se présente.

Ceci est dû au fait que le fantôme prédominant Raja-Tama est perturbé par la Conscience Divine émanant de l'Image Divine. Parfois, le fantôme peut puiser dans ses propres réserves d'énergie sombre ou dans celles de fantômes de niveau supérieur pour prétendre que le traitement spirituel n'a aucun effet sur lui.

Cela peut démoraliser le guérisseur s'il croit qu'il ne réussira pas. Cette résistance, cependant, ne dure que tant que le fantôme a des réserves d'énergie dans lesquelles il peut puiser.

En résumé, tout le processus d'interprétation est assez intensif, comme le jeu du chat et de la souris auquel joue un fantôme avec un guérisseur. Seuls les guérisseurs dotés d'un sixième sens très développé sont capables de voir à travers les stratagèmes et les charades et de contrer les mouvements du fantôme.

### Séance de traitement spirituel

Le niveau spirituel du sujet doit être au moins 50% plus élevé que la moyenne. Après avoir atteint ce niveau spirituel, il est capable de discerner les pensées qui lui appartiennent et celles qui sont des fantasmes.

Une personne est capable d'identifier à qui appartiennent les pensées s'il y a moins de 30% de contrôle du fantôme sur l'ensemble des possédés.

Le guérisseur moyen n'est pas équipé pour reconnaître les fantômes de plus haut niveau ou comprendre les subtilités d'une lutte délicate.

La capacité subtile du guérisseur ou du sixième sens peut augmenter même si son niveau de Spiritualité est faible si le guérisseur est possédé par un sorcier d'un niveau supérieur.

Le fantôme possesseur de la personne peut être sous le contrôle du sorcier supérieur du guérisseur comme un fantôme asservi. Ici, un tour peut être joué lorsque le mantrik du guérisseur éteint temporairement le fantôme de la victime afin de lui permettre de réapparaître plus tard.

Seule une personne ayant un niveau de spiritualité d'au moins 70% ou s'adonnant à une pratique spirituelle sous la supervision directe d'un Saint peut diagnostiquer avec précision ce qui se passe.


### Effets de guérison spirituelle

Les esprits des créatures mythiques ou les corps subtils des ancêtres créent un bouclier d'énergie noire autour d'eux-mêmes et de la personne touchée afin de se protéger de la détresse des remèdes spirituels. Ce gain d'énergie noire fonctionne comme le bouclier d'un protecteur.

L'épaisseur et la ténacité de cette barrière protectrice détermineront le temps qu'il faudra à l'entité pour se remettre de sa détresse (qui se manifeste comme la détresse de la personne touchée) après l'exposition au remède de guérison spirituelle.

Une personne est généralement entourée d'une fine couche d'énergie sombre lorsqu'elle est affectée de façon mineure et/ou par une entité plus faible. Par conséquent, il est possible de surmonter facilement cette barrière et d'atteindre le fantasme/l'entité.

Peu de temps après avoir été exposée à un remède de guérison spirituelle, une personne qui a été affectée par un néant fantôme de niveau inférieur fait l'expérience de la dépression. Par conséquent, il est possible d'appliquer des techniques de guérison spirituelle pour soulager complètement l'anxiété de la personne (causée par le fantôme) en trois à quatre mois.

Lorsqu'elles sont exposées au remède de guérison spirituelle, les personnes affectées par des fantômes ou des entités et qui ne ressentent pas d'anxiété sont plus susceptibles de ressentir un épais champ d'énergie noire qui les entoure.

Le pouvoir spirituel des fantasmes ou de l'entité qui les affecte peut-être plus fort. Après avoir exposé le remède de guérison spirituelle à des fantasmes constants pendant quelques mois, la personne commence à souffrir de dépression. Toutefois, ce délai peut être raccourci en complétant le processus de guérison spirituelle par la pratique des six principes spirituels fondamentaux.

# Méthodes de guérison spirituelle

Il existe deux types ou méthodes de guérison pour lesquels il existe des différences dans le mécanisme par lequel l'énergie est canalisée. Dans chacune de ces deux méthodes, la guérison se produit essentiellement de la manière suivante :

- Par l'utilisation d'un objet ou d'un matériau inerte tel que l'eau bénite ou les cendres sacrées.

- Par l'intermédiaire d'une personne caractérisée comme suit :

  ➢ Un guérisseur dont le niveau spirituel doit être supérieur à 50 % et qui ne doit pas être affligé par des énergies négatives.

  ➢ Un Saint (c'est-à-dire une personne dont le niveau spirituel est supérieur à 70 %).

Le mécanisme de guérison, ou la façon dont l'énergie est canalisée, varie en fonction de la technique utilisée. Nous utiliserons une analogie facile qui consiste à allumer une ampoule électrique pour expliquer le mécanisme qui sous-tend les techniques de guérison :

- **L'interrupteur** : La première étape consiste à allumer l'interrupteur approprié afin d'éclairer une ampoule. Cela correspond à choisir le bon outil ou objet pour effectuer une guérison spirituelle.

- **Le câble électrique** : Ensuite, le courant électrique circule le long du câble jusqu'à ce qu'il atteigne l'illumination de l'ampoule et s'allume. Il faut activer l'interrupteur approprié en fonction de l'ampoule que l'on souhaite allumer. De même, différentes techniques de guérison spirituelle peuvent donner des résultats différents selon le niveau d'énergie positive utilisé.

- **L'ampoule** : Dans tous les cas, le résultat final de la guérison (c'est-à-dire l'ampoule qui brille ou le résultat final) est orchestré par les cinq principes cosmologiques immuables.

### Principes importants d'une guérison spirituelle

Il est essentiel de comprendre deux principes clés :

Les meilleures guérisons spirituelles se produisent lorsque l'on s'engage dans une pratique spirituelle personnelle. En nous engageant dans une pratique spirituelle, nous renforçons nos propres réserves spirituelles et nous rendons nos propres réserves spirituelles moins vulnérables aux attaques venant du monde spirituel.

S'engager régulièrement dans une pratique spirituelle est également beaucoup plus durable, servant de mesure de protection, que de recevoir une guérison spirituelle d'un type particulier.

L'objectif des guérisseurs spirituels devrait être d'inciter les gens à commencer à pratiquer leur discipline spirituelle et à faire preuve de constance dans cette démarche. Cela est vrai même si les gens continuent à se rendre chez eux pour recevoir une guérison. En éliminant le problème, la pratique spirituelle soutient le travail d'un guérisseur spirituel.

Notre principal objectif dans la vie est le développement spirituel afin de réaliser Dieu. Par conséquent, si tous nos actes, y compris la guérison spirituelle, sont coordonnés pour nous aider à progresser spirituellement, tant individuellement que collectivement, nous récolterons les plus grandes récompenses de nos efforts.

Compte tenu de ce qui précède, le temps et l'énergie du guérisseur spirituel pourraient être mieux utilisés à aider les autres à franchir les barrières spirituelles qui les empêchent de s'engager dans une activité spirituelle. De cette façon, ils aident les gens à se développer spirituellement.

D'un point de vue purement spirituel, il est préférable de s'abstenir d'utiliser l'énergie pour la guérison spirituelle sur des personnes qui n'ont aucune intention de s'engager dans une pratique spirituelle.

Dans le meilleur des cas, si une personne qui ne pratique pas la Spiritualité utilise l'énergie pour améliorer la guérison spirituelle, le soulagement n'est que temporaire car l'entité responsable du problème peut nuire à l'individu dans d'autres domaines de sa vie.

D'autres entités peuvent également avoir un impact répété sur la personne. Les guérisseurs spirituels ont accès à l'énergie universelle qui convient à leur niveau de Spiritualité. Il a donc l'obligation de soutenir les personnes dans leur croissance spirituelle afin d'être en phase avec l'objectif principal de la vie. Si le guérisseur spirituel n'accepte pas cette responsabilité, il commence à stagner et perd inévitablement du terrain spirituel. En outre, il risque d'être dominé et utilisé par des entités négatives.

Il est conseillé d'éviter de trop s'impliquer dans la guérison des gens simplement pour le plaisir de guérir. La guérison spirituelle ne peut que soulager temporairement la souffrance d'une personne si son destin est de subir un certain nombre d'épreuves.

Soyez assuré que chaque personne doit continuer à subir sa part de souffrance. Par conséquent, il serait spirituellement bénéfique que notre objectif de guérir quelqu'un ait pour effet d'accroître la foi de cette personne en l'existence d'une dimension spirituelle, ce qui l'encouragerait ensuite à commencer à pratiquer la spiritualité.

Une façon inappropriée d'appliquer des remèdes spirituels pour la guérison spirituelle consiste à utiliser l'énergie spirituelle pour satisfaire des aspirations mondaines.

Lorsque les chercheurs de Dieu s'engagent dans une activité spirituelle, ils sont occasionnellement confrontés à de puissantes énergies négatives dont le but est d'interférer avec l'activité spirituelle (celle des aspirants spirituels). Il est possible que l'énergie spirituelle de l'aspirant ne soit pas suffisante pour repousser ces attaques. Par conséquent, dans les circonstances suivantes, il devient nécessaire de stimuler l'énergie spirituelle de ces aspirants avec des remèdes de guérison spirituelle :

- Lorsque le problème est trop grave et qu'une assistance immédiate est requise.

- Lorsqu'ils n'ont pas la force mentale ou spirituelle nécessaire pour se guérir eux-mêmes.

- Si une personne est inconsciente et incapable d'utiliser physiquement les remèdes, elle est incapable de le faire.

- Lorsqu'une personne manque d'expérience sur la façon d'appliquer un remède particulier.

*Guérisseurs spirituels*

Une personne doit avoir un niveau spirituel supérieur à 50 % pour pouvoir exercer le rôle de guérisseur spirituel. Toutefois, il est préférable que le guérisseur ait un niveau spirituel d'au moins 60 %. Il existe plusieurs situations dans lesquelles une personne peut guérir même si elle est en dessous de ce niveau spirituel.

Le niveau spirituel d'un guérisseur est le facteur fondamental qui détermine :

- Ce qui les rend capables de guérir ou de traiter les autres,

- Quelles sont les techniques de guérison qu'il peut employer ?

- Le type d'énergie universelle auquel il a accès.

Nous avons comparé cette caractéristique du niveau spirituel (le courant électrique) à la capacité du guérisseur à entrer ou à servir de passerelle pour les différents niveaux d'énergie universelle.

En tant qu'êtres humains, nous sommes constitués du corps physique (qui comprend les cinq sens), du corps vital, de l'esprit, de l'intellect, de l'ego subliminal et de l'âme.

Le cerveau est le centre des émotions et des pensées, tandis que le centre de raisonnement du cerveau, ou les relations de cause à effet entre les événements, est le lieu où réside l'intelligence. Chacune de ces entités est plus subtile (immature) que l'autre.

Lorsque nous nous développons spirituellement par la pratique spirituelle, nous commençons à résoudre nos cinq sens, le mental et l'intellect. Nous commençons alors à diriger nos énergies et nos pensées vers l'accomplissement de Dieu ou l'union avec Dieu.

Afin d'accéder à l'Esprit et à l'Intelligence Universels, nous devons transcender nos capacités mentales et intellectuelles. En conséquence, nous nous attendons à posséder des qualités divines telles que l'amour inconditionnel pour notre prochain, l'humilité et la réduction de l'ego.

Du point de vue d'un guérisseur spirituel, quelque chose de très significatif commence à se produire dès que son corps subtil ou ses enveloppes protectrices commencent à se dissoudre sous l'effet de la pratique spirituelle. La capacité d'accéder à des niveaux de plus en plus élevés d'énergies universelles est acquise par le guérisseur.

Pour exercer le métier de guérisseur, il est conseillé d'avoir au moins un niveau spirituel de 50%. En effet, c'est à ce niveau spirituel que l'on commence à avoir accès aux énergies universelles qui peuvent être utilisées pour la guérison. Cependant, il est préférable d'avoir un niveau spirituel de 60% car c'est à ce niveau que l'esprit de l'aspirant commence à se dissoudre. En conséquence, il est plus à même de discerner subtilement ce qui cause un problème spirituel et d'atteindre des niveaux plus élevés de protection spirituelle.

Toute capacité de guérison est initialement provoquée par l'accès à l'énergie divine sous sa forme manifestée (sagu). Étant donné que le mental, l'intelligence et l'ego d'une personne s'effacent progressivement du fait de sa pratique spirituelle de plus en plus avancée, elle a davantage accès à la forme non manifestée (nirgu) de l'énergie divine. À 90 % sur le plan spirituel, cette énergie non manifeste possède un potentiel de guérison pratiquement illimité.

Les saints ne réalisent leurs miracles qu'aux niveaux de la résolution et de la présence, conformément à la volonté de Dieu. Un niveau avancé de désintégration des différents corps subtils est présent chez un saint, ce qui lui permet d'interpréter les pensées divines et de réagir en conséquence.

### Risques associés à la guérison lorsqu'on a un faible niveau spirituel

En outre, si l'on a un niveau de spiritualité de 40 % et un désir suffisamment fort, on peut guérir. Mais à ce niveau, il est possible que tout ce que l'on puisse faire soit de guérir les effets des pensées négatives de niveau inférieur qui nuisent à quelqu'un d'autre.

Un guérisseur spirituel de niveau inférieur s'expose à des risques sérieux lorsqu'il tente de guérir les autres en raison de ses capacités limitées.

Il peut être affecté par la détresse spirituelle de la personne qu'il aide.

Si le patient est contrôlé par une entité négative à un niveau supérieur, celle-ci pourrait réagir violemment contre le guérisseur. En conséquence, le guérisseur peut être affecté.

Un guérisseur ayant un niveau spirituel inférieur a moins d'énergie et a besoin de plus de temps pour contrôler l'attaque venant du niveau subtil afin de guérir.

En outre, les résultats peuvent être inférieurs à ceux escomptés et, par conséquent, la foi des gens dans la guérison spirituelle peut s'en trouver amoindrie. Comme le processus de guérison ne s'est pas déroulé comme prévu, le patient peut donc être déprimé.

Un guérisseur de niveau spirituel inférieur est plus susceptible de voir son ego grandir, ce qui est très préjudiciable d'un point de vue spirituel. Un guérisseur qui a un ego gonflé peut être victime d'énergies négatives qui ont le pouvoir de le détruire et de le posséder.

Si une personne guérit pour obtenir une renommée mondiale, elle peut finir par être la cible d'énergies négatives.

Les guérisseurs spirituellement vertueux effectuent la guérison avec humilité et sans se concentrer sur le bénéfice matériel. En revanche, les énergies négatives possèdent invariablement des guérisseurs déséquilibrés qui font des miracles pour la gloire et le profit.

D'une manière générale, 30 % des guérisseurs sont spirituellement positifs, tandis que 70 % des guérisseurs opèrent sous l'influence d'énergies négatives.

# Bains

## *Bain de purification*

Mettez quelques gouttes du parfum St Michel dans votre eau de bain. Badigeonnez-vous ensuite avec un mélange de miel, de citron, et de sel, enfin rincez-vous avec votre eau de bain.

## *Bain de purification et de désenvoûtement*

Achetez un tas de clous de girofle. Une fois à votre domicile, mettez un litre d'eau au feu, laissez bouillir pendant quelques minutes en couvrant la marmite. Lorsque l'eau a bien bouilli, éteignez le feu et laissez cette eau refroidir. Mettez cette eau dans votre seau de bain et ajoutez-y le tas de clous de girofle.

Récitez 9 fois votre prière personnalisée (De préférence en latin ou en français), puis formulez vos vœux de purification. Par exemple : *« Je suis Lumière, Je suis Lumière, Je suis Lumière. »*

Entrez dans votre douche par le pied gauche et prenez votre bain en commençant par vous laver la main gauche puis, lavez-vous de la tête aux pieds sans savon ni gant de toilette. Évitez de toucher avec tes mains les clous de girofle qui sont des capteurs d'énergie.

Prenez un sachet plastique ou un isolant à l'aide duquel vous ramasserez les clous de girofle au fond du seau pour idéalement les enterrer ou alors les jeter dans un cours d'eau ou dans un WC.

## *Bain pour faciliter le voyage*

Mélangez dans une casserole contenant 2 litres d'eau, des feuilles séchées de citronnelle, une cuillère à soupe de clou de girofle, le jus de 7 citrons verts, une cuillère à soupe de sel de mer, 7 Feuilles de lauriers. Filtrez le mélange et lavez-vous.

## Bain pour attirer la clientèle (à faire pendant la pleine lune)

Mettez-vous face à l'Est. Prenez un seau, mettez-y un peu d'eau et d'huile d'olive, puis mettez votre main droite dans le fond du seau.

Lisez le psaumes 27, puis mettez votre gauche dans le seau. Faites vos déclarations : *« SEIGNEUR BÉNIT mes affaires, fais-moi venir des clients, que j'attire mes clients, que mes clients me localisent, qu'il en soit ainsi. »*

Rincez-vous avec l'eau du bain. Faites ce bain 2 fois dans la semaine. Pour les personnes ayant un lieu de commerce, gardez un peu de cette eau de bain pour asperger sur le lieu.

## Bain pour se faire aimer par tous

Faire bouillir un mélange de feuilles de bissap et de citronnelle. Ajoutez à ce mélange, 7 bouchons de parfum St Michel pour la femme et 9 pour l'homme. Faites ce bain pendant 7 jours soit à minuit.

## Bain pour contre les attaques occultes, les malédictions et l'ouverture des portes

### Astuce 1 :

Triturez les feuilles de basilic et les feuilles d'hysope. Recueillez le jus et versez-le dans votre eau de bain. Lisez le psaumes 35 et prenez votre bain entre minuit et 4 heures du matin.

***Astuce 2 : à faire pendant la pleine lune***

Triturez les feuilles de basilic et recueillez le jus. Mettez dans un seau neuf, la rose de Jéricho (Anastatica) et le jus de feuilles de basilic. Après une demi-heure, retirez la rose de Jéricho et laissez-là à l'air libre. Ajoutez 3 pincées de sel au mélange dans votre seau et prenez votre bain. Faites cela tous les jours pendant 7 jours.

**NB : Les deux rituels ne se font pas pendant les menstruations.**

# Chapitre 6 : Chakras

# Les sept Chakras

Chakra signifie "roue" en sanskrit, une langue indo-européenne particulièrement présente dans les textes sacrés et religieux.

Pour aller plus loin, le corps humain, temple de l'énergie, contiendrait plus de 80 000 chakras, soit plus de 80 000 roues. Mais pour simplifier la tâche et parce que certains chakras peuvent être distingués par l'énergie qu'ils représentent, nous avons collectivement identifié les sept principaux chakras de la médecine ayurvédique.

Nous pouvons ressentir de l'épuisement, une baisse de moral, une maladie ou, au contraire, vivre des moments de stress et d'agitation lorsque l'un d'eux est déséquilibré, c'est-à-dire qu'il émet trop ou trop peu d'énergie. C'est pourquoi nos chakras méritent d'être équilibrés et d'émettre le " bon taux vibratoire. "

Mais pourquoi les chakras permettent-ils parfois de libérer la mauvaise fréquence vibratoire ? Le corps accuse nos émotions, surtout lorsque nous ne les exprimons pas. Par conséquent, une émotion a le potentiel de se "loger" dans un chakra jusqu'à ce qu'elle le perturbe. Nos pratiques d'hygiène quotidiennes peuvent également interférer avec notre système énergétique.

De ce fait, le type de douleur que nous ressentons dépend de la partie du corps ou de l'organe qui est blessé. Mais ces douleurs restent des signaux d'alarme ! Chaque "alarme" physique sert d'indicateur du moment où il faut libérer le chakra concerné pour retrouver le bien-être.

### Le chakra racine

Le premier chakra, également appelé chakra racine, est situé au niveau du périnée. Il permet de capter l'énergie terrestre grâce à sa position. Ce chakra est connu pour alimenter tous les autres chakras car il est à la base.

Toutes les " roues " de notre corps se désorganisent lorsqu'il est déréglé. On peut dire qu'il est en quelque sorte le maître de notre système énergétique. Il est donc essentiel d'en prendre soin.

Les associations du premier chakra comprennent la richesse, le foyer et la subsistance. Globalement, il répond à nos besoins fondamentaux. Dans un sens plus large, il répond à notre besoin de sécurité. Il est notre fondation, notre ancrage dans la terre.

**Sa couleur** : Le rouge ! En réalité, la couleur rouge est l'incarnation de l'énergie ! Elle représente la force et le courage.

**Les symptômes émotionnels d'un déséquilibre** : Lorsque l'énergie du chakra racine fluctue et diminue, nous pouvons ressentir de l'ennui, de la parité, ou même un manque de concentration. En cas d'excès d'énergie, nous sommes plus susceptibles de souffrir de dépression, d'agitation, et d'une propension alarmante à abuser de la nourriture, de l'alcool ou du tabac.

**Les symptômes physiques d'un déséquilibre** : En cas de perturbations énergétiques, on peut incriminer des problèmes digestifs, des problèmes dentaires, des hémorroïdes et la perte de cheveux.

### Le chakra sacré

Le chakra sacré est situé sous le nombril. Il représente la famille, la conception, la sexualité et la rencontre avec les extraterrestres.
En clair, ce deuxième chakra est lié à la vie. Il est lié au plaisir, aux rencontres, aux relations humaines et aux organes sexuels.

**Sa coloration** : L'orange est une couleur associée à la communication.

**Les symptômes émotionnels d'un déséquilibre** : Si le chakra sacré subit une énergie négative, nous pouvons nous sentir un peu timides. Nous avons tendance à nous replier sur nous-mêmes, à nous mettre entre les autres et à éviter le contact visuel. Si l'énergie est trop forte, en revanche, nous recherchons une relation et avons beaucoup de désir sexuel. Nous nous accrochons à l'autre avec excès... et poids.

**Les symptômes physiques d'un déséquilibre** : La baisse de la libido, la dépression et les problèmes gynécologiques sont les symptômes lorsque le chakra sacré est perturbé énergétiquement.

### Le chakra plexus solaire

Le chakra le plus connu de tous est le plexus solaire. Ce chakra, situé au centre sous les seins, n'est autre que le siège de nos émotions. Il incarne plus fortement l'identité d'une personne, sa confiance en elle et son sentiment d'identité. Qui sommes-nous, au juste ? Le troisième chakra le sait !

Le chakra du plexus solaire est lié au pouvoir personnel et à la bravoure. Il sert d'ancre d'affirmation et de siège de notre "moi intérieur".

**Sa coloration** : Lorsqu'on cherche à renforcer sa confiance en soi, il est bon de porter du jaune !

**Les symptômes émotionnels d'un déséquilibre** : Lorsque notre énergie est faible, nous nous sentons mal dans notre peau. Nous continuons à jouer la défense contre l'adversaire parce que nous sommes convaincus qu'il est "meilleur". Dans l'ensemble, une perte de confiance et un malaise se manifestent, et nous tombons même dans le piège de "l'achat de plaisir aux dépens d'autrui" jusqu'à oublier et négliger nos besoins. Lorsque nous avons un excès d'énergie, nous avons tendance à dominer les autres et à nous affirmer fortement, pour finalement devenir sévères et manquer d'indulgence.

**Les symptômes physiques d'un déséquilibre** : Ils incluent des problèmes digestifs, des problèmes d'habitudes alimentaires et des ulcères.

### *Le chakra cœur*

Le quatrième chakra est situé au-dessus de notre cœur, comme son nom l'indique (presque). Il est synonyme de vie, d'amour et de liens. On le relie aux relations et à l'ouverture aux autres.

**Sa coloration** : Vert ! Couleur qui représente la nature et la sérénité. Et on souhaite le grand amour, n'est-ce pas ? La couleur rose est également appropriée puisqu'elle favorise la paix et les relations saines.

**Les symptômes émotionnels d'un déséquilibre** : Lorsque le chakra du cœur perd de l'énergie, on ne se sent plus très à l'aise dans nos relations. Nous nous inquiétons, nous avons besoin d'être rassurés, nous rencontrons des tromperies et nous établissons des relations toxiques avec des personnes indignes de confiance. À l'inverse, lorsque l'énergie du chakra du cœur est stimulée, nous avons tendance à courir après les autres, à être jaloux, à donner trop et à nous sentir inappréciés sans raison.

**Les symptômes physiques d'un déséquilibre** : Ils incluent des problèmes cardiaques et cutanés.

*Le chakra gorge*

Le cinquième chakra est situé près de la gorge. Il a un rapport avec les cordes vocales, soit avec la communication ou l'expressivité. Il représente le chemin entre ce que nous croyons et ce que nous faisons en relation avec le monde extérieur. Avec lui, nous nous présentons aux autres. La gorge de notre chakra permet à notre "moi intérieur" de bouger.

Il est lié à la liberté d'être soi-même car il est crucial de bien prononcer les mots qui nous tiennent à cœur. Nous nous sentons mieux et plus légers après avoir "trié" ce qui doit être libéré.

**Sa couleur** : Le bleu, une couleur qui dénote l'innocence.

**Les signes avant-coureurs d'une perturbation émotionnelle** : Ils sont un manque d'énergie dans notre chakra de la gorge, une réticence à parler, la peur de se tromper et la difficulté à trouver les bons mots.

Le fait de parler est également un indice. Face à un excès d'énergie, en revanche, on parle trop, on n'entend plus l'autre, on se déplace en mode "je-je" et on fait preuve de mauvaise foi.

**Les symptômes physiques d'un déséquilibre** : Dans le cas de perturbations énergétiques, on peut incriminer des problèmes dentaires, des maux de gorge, des douleurs au cou, aux oreilles et à la tête.

## Le chakra troisième œil

Entre nos deux sourcils se trouve le chakra du troisième œil. Il est connecté à notre cerveau.

Le chakra troisième œil est lié à l'intuition, souvent appelée intelligence supérieure. Il nous aide à être plus à l'écoute de notre intuition et de nos sentiments, ce qui nous permet de prendre des décisions qui sont en accord avec notre moi intérieur. Par conséquent, équilibrer votre sixième chakra est assez utile dans la vie de tous les jours car il agit comme un guide.

**Sa coloration** : Indigo, la couleur de la créativité, de l'exploration et de l'émancipation.

**Les symptômes émotionnels d'un déséquilibre émotionnel** : Ils sont les suivants : Devenir perméable aux opinions extérieures, perdre le sens de l'ouïe, perdre la confiance en soi, et remarquer qu'une certaine habitude s'installe, comme si notre feu interne, notre source de créativité, s'était endormi.

Lorsque l'énergie est élevée, nous réfléchissons trop et nous nous sentons meilleurs que les autres. Par conséquent, une légère suffisance à la manière de "Je sais mieux que vous !".

**Les symptômes physiques d'un trouble** : Ils comprennent des problèmes de vision, des blessures à la tête et des problèmes neurologiques.


## Le chakra coronal

Le septième chakra, également connu sous le nom de chakra coronal ou couronne, est situé au sommet du crâne. Il est connecté et relié à l'univers, ou à quelque chose de "plus grand que soi".

Il est lié à l'alignement et à la conscience. Nous avons l'impression d'avoir le contrôle lorsque le chakra coronal fonctionne correctement.

**Sa coloration** : Le violet est la couleur de la protection. On note également la couleur blanche, qui représente la pureté.

**Symptômes émotionnels d'un déséquilibre** : Si votre chakra coronal est appauvri en énergie, vous pouvez ressentir de la tristesse, de la lassitude ou un manque de vitalité. On peut aussi se sentir perdu. Que suis-je censé faire à cet endroit ? Pourquoi ? On s'interroge sur le sens de la vie et du quotidien.

Dans le cas d'un chakra coronal trop énergique, on est extrêmement joyeux et obéissant. En raison de nos attentes élevées, cela peut nous amener à devenir impatients et frustrés.

**Les symptômes physiques d'un déséquilibre** : Ils sont la lassitude et la perte de mémoire.

# Rituel pour rééquilibrer les sept chakras en cas de dysfonctionnement

Découvrez un rituel très simple à réaliser pour retrouver l'harmonie et le bien-être physique. Vous n'avez besoin de rien (si ce n'est de vous souvenir des couleurs et des emplacements de vos chakras). Ce rituel est inspiré du livre d'Aurélie Godefroy "Tous les sorciers", paru aux éditions Larousse.

Vous pouvez effectuer ce rituel aussi souvent que vous le souhaitez. Par exemple, chaque matin ou chaque soir. Ce rituel s'intègre parfaitement à une séance de méditation. Il est également possible de l'inclure dans une séance de yoga pour la commencer ou la terminer en beauté :

- Commencez par vous installer dans un environnement paisible qui vous plaît.

- Prenez trois inspirations et expirations profondes en fermant les yeux.

- Commencez par imaginer votre chakra racine, qui est situé au niveau de vos périnée. Faites-lui une image de n'importe quoi, comme une sphère (pour la roue) ou une jolie fleur ronde et généreuse.

- Pour activer votre énergie physique, frottez vos deux mains l'une contre l'autre. Puis, placez vos paumes ensemble sur ce chakra racine comme si vous essayiez de le protéger.

- Déclarez : "Je prends soin de mon chakra racine", à voix haute ou intérieurement.

- Imaginez que votre chakra racine est éclairé par une lumière rouge, si vous ressentez le besoin d'augmenter sa réserve d'énergie. Imaginez une couleur douce qui remplit votre chakra et qui danse et se promène dans votre esprit. Chaque inspiration devrait être accompagnée d'une jolie lumière rouge.

- D'autre part, visualisez une couleur rouge douce à l'intérieur de votre chakra et remarquez comment son ton s'assombrit et s'affaiblit pour diminuer l'énergie de votre chakra racine. Respirez simultanément tout en expulsant l'excès d'énergie qui vous engloutit à chaque expiration.

Vous pouvez répéter ces étapes pour chaque chakra afin de les équilibrer tous et leurs énergies les unes par rapport aux autres. Adaptez les couleurs et les parties du corps où vous voulez placer vos mains.

Vous pouvez vous tourner vers les pierres en achetant un ou plusieurs bracelets, ou en achetant les pierres elles-mêmes, afin de maintenir l'équilibre et d'éviter les déséquilibres énergétiques dans vos chakras. Vérifiez si leur couleur correspond à celle du chakra concerné :

- La cornaline rouge est l'endroit où vous devez diriger votre chakra racine. Cette pierre garde et sécurise. Elle harmonise également les chakras entre eux.

- Vous devriez vous tourner vers la topaze orange ou l'agate du Botswana pour votre chakra sacré. La dernière pierre n'est pas orange, mais elle apporte néanmoins de la joie.

- Afin d'équilibrer votre chakra du plexus solaire, recherchez des pierres jaunes comme la citrine ou l'améthyste.

- Pour votre chakra du cœur, recherchez la malachite, qui est verte et vous encourage à vous étirer et à vous ouvrir davantage, ou le quartz rose, la pierre de l'amour.

- Allez vers l'agate bleue pour ouvrir votre chakra gorge. Elle apporte la paix intérieure et fait beaucoup de bien à l'esprit.

- Afin d'ouvrir votre chakra troisième œil, tournez-vous vers le lapis-lazuli. Le lapis-lazuli est une pierre qui renforce, qu'il soit indigo, voire bleu ou bleu-vert.

- Pour votre chakra couronne, concentrez-vous sur l'améthyste, une pierre violette qui favorise la paix mentale, ou un cristal de rocaille blanc qui absorbe l'énergie négative.

# Chapitre 7 : Pratiques spirituelles

# Prières

## Importance

Le degré de dissolution de l'ego, de l'intellect et de l'esprit est l'un des facteurs clés du développement spirituel.

Le problème auquel nous sommes confrontés depuis notre naissance est que nous avons tous des parents, des enseignants et des amis, ce qui a un impact accru sur nos cinq sens, notre esprit et notre intelligence.

Le monde d'aujourd'hui accorde une grande importance à des choses comme notre apparence physique, notre individualité, notre salaire, notre cercle social, etc. Personne ne nous a jamais dit que le but de notre vie est de nous transcender et d'atteindre Dieu, qui réside en nous.

Par conséquent, lorsqu'on commence une pratique spirituelle, il faut mettre de côté les années de conditionnement pendant lesquelles on a donné trop de poids à nos cinq sens, à notre esprit et à notre savoir. La pratique de la prière nous aide à oublier ces années de conditionnement et réduit notre dépendance à l'égard des cinq sens, de l'esprit et de l'intellect.

L'acte de plaidoyer implique que la personne qui plaide accorde à l'autre personne l'autorité d'être supérieure à elle-même. Ainsi, en priant, elle exprime son étonnement et implore son aide.

Cela porte atteinte à son ego car demander de l'aide implique de chercher quelqu'un dont l'esprit et l'intelligence sont supérieurs aux siens. Ainsi, en priant fréquemment, nous transcendons notre esprit et notre intelligence limités et sommes capables d'atteindre des niveaux supérieurs d'esprit et d'intelligence universels.

Cela entraîne la dissolution de notre esprit et de notre intelligence après un certain temps. Par conséquent, les prières sincères pour la croissance spirituelle contribuent à la dissolution de l'esprit, de l'intellect et de l'ego.

*Bénéfices*

**Améliorez votre pratique spirituelle** : Les trois facettes de notre pratique spirituelle action, pensée et attitude sont affectées par la prière.

**L'action** : Toutes les actions précédées d'une prière pour un bénéfice spirituel sont effectuées avec une émotion spirituelle, ce qui rend possible les erreurs. Par conséquent, que l'on s'engage dans une pratique spirituelle, comme répéter le nom de Dieu ou participer à un satsang ou satsv, l'action se déroule comme le veut le Principe divin ou le Guide divin.

**La pensée** : Les pensées persistent tant que l'esprit est actif. Le processus de pensée interfère avec la capacité de l'esprit à se dissoudre. Le gaspillage d'énergie est causé par les pensées inutiles. Un outil très efficace pour les prévenir est la prière. Celle-ci diminue l'anxiété et favorise la pensée.

**L'attitude** : Une prière prononcée avec une émotion spirituelle lance le processus de réflexion interne de l'aspirant spirituel et l'aide à se développer en tant qu'introverti.

**L'effet de la répétition du nom de Dieu augmente** : Un chercheur spirituel répète le nom de Dieu afin de réaliser Dieu. La répétition du Nom devient vraiment efficace si elle est faite en conjonction avec un fort désir de réaliser Dieu et une émotion spirituelle. Un saint peut être tellement absorbé par la répétition du Nom qu'il en perd la conscience de son environnement. Il est rare de rencontrer quelqu'un qui puisse répéter le nom de Dieu avec une émotion spirituelle aussi puissante. Cependant, les prières répétées demandant la capacité de répéter le Nom aident à susciter l'émotion et donnent l'assurance que nos prières répétées sont entendues par Dieu.

**Une aide céleste dans la pratique spirituelle** : Lorsqu'un chercheur spirituel prie sincèrement Dieu pour avoir la capacité de réaliser un certain acte, une certaine pensée ou une certaine attitude dans le cadre de sa pratique spirituelle, qu'il perçoit comme impossible à réaliser, il peut l'accomplir facilement grâce à la bonté du gourou.

Être excusé pour une erreur est la même chose que de l'avoir commise. Si quelqu'un confesse son erreur à Dieu ou au gourou, il en est excusé. Cependant, la gravité de l'erreur commise doit se refléter dans le niveau de la prière.

**Réduction de l'ego** : Lorsqu'une personne prie ou demande de l'aide à Dieu, son ego est réduit car elle reconnaît sa dépendance à l'égard de Dieu, son besoin et sa vulnérabilité en tant qu'être humain. Par conséquent, cela aide à réduire rapidement l'ego.

**Protection contre les fantômes** : La prière est un outil très puissant qui peut vous aider à vous protéger des fantômes (démons, diable, énergies négatives, etc.) et à construire un mur de protection autour de vous.

**Accroître la foi** : Lorsque l'on offre des prières, la foi en Dieu ou en son gourou augmente. Dans notre voyage spirituel, la foi est la seule monnaie d'échange.

# Mantra

Un mantra est une chaîne de lettres qui soutient et permet une action positive et élimine les obstacles. "Homme" fait référence à l'esprit et à la contemplation. Qui possède la force vitale et la protection.

Il s'agit de réfléchir plus profondément à la connaissance de l'univers dans son ensemble qui est conférée à une personne particulière. À ce stade, la concentration s'arrête, l'esprit se dissout et le chant s'arrête. La personne qui atteint ce stade parvient à se libérer du cycle de la naissance et de la mort.

Les avantages de la répétition d'un mantra comprennent l'avancement spirituel, la destruction des ennemis, l'obtention de pouvoirs surnaturels, l'éradication des péchés et la purification de la langue.

Répéter un mantra n'est pas la même chose que répéter le nom de Dieu. Lorsque quelqu'un répète le nom de Dieu, il n'y a pas autant de règles et de règlements que pour la répétition des mantras. Par exemple, la répétition d'un mantra doit se faire dans un espace sacré, alors que la répétition du nom de Dieu peut se faire partout et à tout moment.

L'énergie spirituelle d'une incantation peut être utilisée à des fins positives ou négatives. Elle fonctionne de la même manière que l'argent ; tout dépend de la manière dont la personne l'utilise.

### Bienfaits

Les mantras sont vraiment efficaces et puissants. Comme un mantra est un type de pensée actif, lorsque vous le répétez, vous entraînez activement votre esprit et vos pensées, ce qui peut avoir un effet positif sur votre bien-être physique et mental.

Les bénédictions peuvent être à la fois physiques et spirituelles, et elles peuvent également être utilisées pour stimuler l'esprit et organiser les pensées.

Des études ont montré que la répétition d'un mantra pendant la méditation peut augmenter le niveau d'activité de certaines régions du cerveau, en particulier celles impliquées dans la mémoire et la régulation des émotions.

La répétition de mantras peut vous aider à apprendre à faire face à vos pensées et à vos émotions, ce qui peut contribuer à soulager la tension et l'anxiété.

Les vibrations des mantras ont également des effets bénéfiques sur le corps, car elles contribuent à améliorer la circulation sanguine, à réduire le stress et à détendre l'esprit.

Lorsque vous récitez un mantra de façon régulière pendant un certain temps, il devient une partie intégrante de votre routine quotidienne et vous commencez à ressentir les avantages qu'il offre à votre corps.

### Trouver son propre Mantra

Explorer et essayer des choses est le meilleur moyen de trouver votre Mantra.

Commencez par réfléchir à vos idéaux et à vos valeurs, puis posez-vous des questions telles que "Qu'est-ce que je veux de plus dans ma vie ?" ou "Qu'est-ce qui me rendrait plus heureux ? Quelles sont les choses qui sont importantes pour vous ? Quelles sont les valeurs que vous défendez ? Qu'espérez-vous réaliser dans la vie ?

Une fois que vous avez fourni quelques réponses, essayez de les combiner en une ou deux phrases jusqu'à ce que l'une d'entre elles vous convainque de "parler".

Vous remarquerez peut-être que certains mots vous reviennent sans cesse à l'esprit et que des mantras particuliers résonnent en vous plus que d'autres.

Il est possible que, même si vous appréciez le son d'un Mantra, votre vie ne le reflète pas réellement. Ne vous inquiétez pas. Il n'y a pas de mauvaise façon d'élaborer un Mantra. Peut-être préférez-vous le faire de cette façon, peut-être voulez-vous le personnaliser pour qu'il s'adapte à votre vie personnelle.

Dans les deux cas, il vous aidera à avoir une vision plus claire de la situation et à reprendre le contrôle de votre vie lorsque vous traversez une période difficile. Ce Mantra deviendra un outil puissant pour vous aider à apporter des changements positifs dans votre vie.

Le Mantra est là pour vous aider à avancer dans la bonne direction et il peut être une aide inestimable lorsque les choses vont mal. Une fois de plus, si cela ne fonctionne pas pour vous au début, n'abandonnez pas et continuez à essayer jusqu'à ce que cela devienne une habitude positive.

Trouver un Mantra qui résonne profondément en vous peut demander un peu de temps et d'efforts, mais une fois que vous l'aurez fait, il deviendra un outil puissant dans votre vie.

**Il existe de nombreuses façons de créer un mantra.**

Vous pouvez commencer par un mot ou une phrase qui vous fait ressentir quelque chose, comme "amour" ou "paix", ou un mot qui vous fait sentir tranquille, comme "calme" ou "sérénité".

Vous pouvez également choisir un mot qui symbolise un objectif que vous voulez atteindre dans la vie, comme le succès, par exemple.

**Voici quelques conseils sur la façon de développer un mantra.**

Tenez compte des questions qui sont les plus importantes pour vous, de ce qui vous motive, de vos valeurs et de ce dont vous avez besoin pour vous sentir bien lorsque vous essayez de créer votre propre Mantra.

Utilisez des mots forts et édifiants qui ont un sens et une signification pour vous, ou des mots qui vous inspirent fortement, car cela vous aidera à créer un mantra qui vous motive. Soyez bref et simple. La durée idéale est d'une minute. Deux minutes, c'est bien ; trois minutes, c'est acceptable. Quel que soit le mot ou la phrase que vous choisissez de répéter, assurez-vous que vous y croyez de tout cœur et que vous êtes à l'aise pour le dire.

### *Comment utiliser un Mantra ?*

Maintenant que vous avez un mantra, vous pouvez l'utiliser de différentes manières.

Vous êtes libre de répéter votre Mantra aussi souvent que vous le souhaitez, chaque fois que vous le jugez nécessaire. Vous pouvez le dire à voix haute ou à voix basse, dans la langue de votre choix, par écrit ou oralement. Cela peut sembler étrange au début, mais cela finira par devenir votre Mantra.

Avec suffisamment de répétitions, cela devient une habitude, et votre Mantra devient aussi naturel que la respiration. Croyez-moi. Il est crucial que vous ayez foi en ses capacités et que vous soyez sincère dans votre désir que cela fonctionne.

Plus vous y croyez, plus votre Mantra sera puissant. Les Mantras fonctionnent de manière similaire à la loi de l'attraction. Ce sont les mots les plus puissants et les plus magiques que vous puissiez prononcer. Avec le temps, vous commencerez à remarquer les changements qui résultent de vos efforts.

Quelles que soient vos croyances, gardez à l'esprit que chanter un Mantra est une sorte de prière. Ne le considérez pas comme une sorte de formule magique qui va radicalement changer votre vie. Cela ne fonctionne pas du tout comme ça !

Dites-le fermement et répétez-le tout au long de la journée. Votre vie va bientôt changer, vous pouvez en être sûr.

### Différents types de Mantras

Il existe différents types de Mantras en fonction de votre objectif. C'est vous qui déterminez le type de Mantra dont vous avez besoin. Vous pouvez choisir l'un de ces différents Mantras ou inventer votre propre Mantra :

**La concentration** : Si vous avez souvent du mal à garder votre esprit concentré sur une seule chose pendant une période prolongée, vous pouvez utiliser un Mantra pour vous aider à vous concentrer.

**Acceptation de soi** : Si vous avez des pensées négatives sur vous-même et que vous avez du mal à vous détendre, un Mantra peut vous aider à calmer votre esprit et à accepter ce que vous êtes.

**La relaxation** : Vous pouvez choisir un Mantra qui vous aide à atteindre cet objectif si vous souhaitez vous détendre davantage ou aider votre corps à se détendre :

**Le bien-être général** : Vous pouvez utiliser un Mantra pour le bien-être général si vous voulez vous sentir mieux dans l'ensemble.

**La créativité** : Si vous avez du mal à trouver des idées, un Mantra pour la créativité peut vous aider à trouver des solutions aux problèmes que vous rencontrez.

**L'amour et la paix** : La capacité à aimer et à être en paix peut être développée en créant un Mantra utilisant les mots " amour et paix ".

**La santé** : Avoir un Mantra de guérison est utile si vous avez besoin d'un remède ou si vous voulez améliorer votre santé.

**Argent et succès** : Si votre objectif est d'avoir plus d'argent ou plus de succès, il est conseillé d'utiliser ce Mantra.

### *13 Mantras puissants*

Voici une liste de 13 Mantras puissants qui peuvent vous aider à atteindre vos objectifs et à tirer le meilleur parti de votre vie :

1. **Le mantra du succès** : "Je suis un gagnant".

2. **Le mantra de l'argent** : "Je suis riche".

3. **Mantras de l'amour** : "J'ai beaucoup d'amis" et "Toutes les personnes que je rencontre sont amicales et me traitent bien".

4. **Mantra de la beauté** : "Je suis merveilleux" ou "J'ai un corps parfait".

5. **Mantra de la sérénité** : "Je suis en paix", ou "Je suis détendu".

6. **Mantra de la réussite** : "Je réussis mes examens" ou encore "J'obtiens mon diplôme".

7. **Mantra de confiance en soi** : "Je suis sympathique et j'ai confiance en moi".

8. **Mantra positif** : "Tout se passe bien pour moi" ou "J'ai la capacité de vivre une vie heureuse."

9. **Mantra d'acceptation** : "Je veux être la meilleure version de moi-même" ou "Je me pardonne mes erreurs passées".

10. **Mantra de guérison** : "J'ai déjà en moi tout ce dont j'ai besoin pour guérir", ou "Je suis en bonne santé".

11. **Mantra de protection** : "Je suis protégé."

12. **Mantra pour la paix intérieure** : "J'ai trouvé la paix intérieure", ou "Je me sens à l'aise et en paix".

13. **Mantras d'amour** : "J'ai beaucoup d'amis" ou "Toutes les personnes que je rencontre sont amicales et me traitent bien".

### *Mantra Sacrés*

OM, le Mantra des Mantras.

OM est le son primordial, le son du Big Bang, et le son du battement de cœur de l'univers. Il est considéré comme le mantra le plus fort dans l'hindouisme et le sikhisme. Il est considéré comme le son le plus sacré du monde et l'origine de tous les autres sons.

OM est un Mantra très puissant qui peut être utilisé pour la guérison, la protection, la méditation, pour attirer l'abondance et la prospérité, pour attirer l'amour, et bien d'autres choses encore.

Vous pouvez obtenir la paix, la prospérité, le succès et un bonheur sans fin dans votre vie en récitant ce Mantra. De plus, il aide au traitement des maladies physiques et mentales.

En disant OM à plusieurs reprises, vous pouvez ouvrir votre conscience à l'énergie qui anime tout. Vous êtes sur le point d'entrer dans un état mental où vous êtes

Lorsqu'ils sont utilisés par une personne éveillée, les Mantras sont un outil très puissant.

### *OM Shanti*

Le Mantra le plus fréquemment utilisé est OM Shanti, et il est dit que le simple fait de l'entendre peut entraîner des changements positifs dans votre vie.

Ce Mantra est un mélange des mots OM et Shanti. Ces mots seuls ont leur propre signification, mais lorsqu'ils sont combinés, ils constituent un Mantra très puissant.

Le premier son à partir duquel toute la création a émergé est OM. C'est un son qui place votre foi en Dieu. Shanti, qui signifie paix et calme l'esprit, est un mot qui est également utilisé pour exprimer le respect du divin à la fin de la prière.

Ces mots provoquent une vibration dans votre corps et votre esprit lorsque vous les chantez tous ensemble. Cette fréquence pourrait vous aider à vous sentir plus détendu, plus à l'aise et plus indulgent.

En outre, elle pourrait vous aider à ressentir la présence du divin et à établir une connexion avec lui. La répétition régulière de ce Mantra peut vous aider à vivre une vie plus paisible et plus satisfaite.

# Conclusion

Un grand nombre de personnes pratiquent la guérison spirituelle dans le monde entier. Ce n'est qu'en comprenant les règles qui régissent la guérison spirituelle et en ayant une perspective spirituelle sur "qui" et "quand" guérir que les guérisseurs peuvent être sûrs que leur travail est conforme à leurs objectifs ultimes.

Il est essentiel que le guérisseur spirituel s'engage dans une pratique spirituelle régulière. Cela l'empêchera de renforcer son ego, ce qui pourrait être tout à fait dommageable pour quelqu'un qui pratique la guérison spirituelle. Une pratique spirituelle régulière protège également le guérisseur des attaques des énergies négatives.

La meilleure guérison spirituelle qu'un guérisseur puisse offrir à ses patients est de les initier à une pratique spirituelle afin qu'ils puissent devenir spirituellement indépendants.

Cela nous rappelle le proverbe : "Quand un homme a faim, il vaut mieux lui apprendre à pêcher que de lui donner un poisson." Cela l'aide de manière inattendue à devenir indépendant.

Quelles que soient vos croyances religieuses, il est essentiel de garder à l'esprit que Dieu existe.

Il existe plusieurs façons de faire l'expérience de cette présence divine. Vous pouvez prier, méditer, ou même lire la Bible ou des textes sacrés d'autres religions ou de l'hindouisme.

Printed in Great Britain
by Amazon

19792576R00079